Walter Selb

ANTIKE RECHTE
IM MITTELMEERRAUM

Walter Selb

ANTIKE RECHTE IM MITTELMEERRAUM

ROM, GRIECHENLAND, ÄGYPTEN
UND DER ORIENT

BÖHLAU VERLAG WIEN · KÖLN · WEIMAR

Die Deutsche Bibliothek – CIP-Einheitsaufnahme

Selb, Walter:
Antike Rechte im Mittelmeerraum : Rom, Griechenland, Ägypten und der Orient / Walter Selb. - Wien ; Köln ; Weimar : Böhlau, 1993
ISBN 3-205-98089-1

ISBN 3-205-98089-1

Druck: Wiener Verlag Himberg

INHALT

Vorwort

Das Buch trägt einen unter Fachkollegen des Römischen Rechts gängigen Titel. Dennoch wendet es sich nicht nur an diese Fachkollegen, sondern an alle Juristen, die sich für den geschichtlichen Hintergrund ihrer Disziplin interessieren, ja darüberhinaus an Althistoriker und an Orientalisten im weitesten Sinne, die einen Überblick über den heutigen Stand rechtshistorischer Forschung im Mittelmeerraum gewinnen wollen. Das bedeutet in erster Linie einen weitgehenden Verzicht auf die oft sehr spezielle Fachsprache. Schon vor Jahren hat mir mein an Geschichte interessierter Schwager Erwin Ofer geraten, endlich ein gemeinverständliches Buch zu schreiben. Ich hoffe, ich komme seinen Erwartungen nach. Dieses Ziel der Darstellung erfordert auch einen fortlaufenden, nicht durch weitere Hinweise, auch nicht durch Fußnoten unterbrochenen Text. Für den, der sich weiter informieren möchte, habe ich freilich in einem eigenen Begleittext einige weiterführende Hinweise gegeben. Sie sind so ausgewählt, daß der Interessierte, von ihnen ausgehend, zur gesamten wichtigen Literatur gelangen kann.

Die Anschaulichkeit, die der Text nicht immer bieten kann, soll durch Bilder, Karten, Zeittafeln und Quellentexte hergestellt werden. Selbstverständlich zeigen die Bilder juristisch interessante Texte; das Recht lebt schließlich in erster Linie vom Wort. Das Buch hat in vielen Gesprächen mit meinem Assistenten Dr. Michael Memmer Gestalt gewonnen. Ich schulde ihm dafür Dank. Das Manuskript zum Druck hat mit viel Geduld Frau Doris Großler geschrieben; auch ihr gilt mein Dank.

Wien, im November 1992

A. Einleitung

Die Erforschung der Antike ist noch immer ein Abenteuer. Denn auch im 20. Jahrhundert ist sie weit mehr vom Zufall der Funde bestimmt als von neuen Fragen, die an Bekanntes gestellt werden. Beim Wort Abenteuer aber denkt der Leser archäologischer Berichte eher an Götter und Gräber oder an Schätze und Räuber als an Gelehrte. Und Funde sind für ihn große Bauwerke und schöne Statuen, eindrucksvolle Mosaiken und wertvolle Goldschätze. Der Historiker aber tritt erst auf den Plan, wenn große Abenteuer dieser Art schon bestanden sind. Und er sucht Fundgegenstände, die deutlicher zu ihm sprechen als Steine. Der materielle Wert eines Fundes interessiert ihn weniger als der geistige Inhalt, auch wenn moderne Schatzgräber nun auch mit Pergamenten und Papyri handeln. Die Geschichte beginnt mit Texten, die uns Namen von Menschen nennen, die gelebt haben, die uns von großen Taten oder alltäglichen Geschäften berichten, die Gedachtes zu Worten werden lassen. Ein großer Teil solcher Texte handelt vom Zusammenleben der Menschen und dessen Ordnung. Soweit sie auch zurückreichen, spiegeln sie den ewigen Versuch, die Gewalt durch den Frieden, das Chaos durch das Recht zu ersetzen. Damit spiegeln sie die Geschichte des Rechts in ewigen menschlichen Konflikten und wechselnden Versuchen zu deren Lösung.

Demnächst treten wir fortschrittsbewußt in das dritte Jahrtausend unserer Zeitrechnung ein. Eine total veränderte Welt der Technik wird beschworen, die uns gänzlich neue Probleme beschere und bislang nicht gedachte Konfliktlösungen von uns fordere. Skeptiker meinen demgegenüber, daß sich, seit wir Geschichte erfahren – das sind etwa 5000 Jahre –, an der menschlichen Natur nichts verändert habe und damit die Grundprobleme des Zusammenlebens die gleichen geblieben seien. Der neue Mensch ist in der Tat noch nicht geboren, der auf frühere Kulturen des Zusammenlebens herabschauen dürfte. So blicken wir in die Geschichte eher wie in einen Spiegel menschlichen Wesens und sehen ein ewig gleiches Szenarium menschlicher Konflikte. Ob sich die Lösungen zu den Konflikten verbessert haben? Allenfalls die juristische Kunst, solche Lösungen zu denken, hat sich mit den Jahrtausenden hoch entwickelt.

Was reizt uns allgemein, die Geschichte des Rechts zu erforschen? Allein die Neugier des Forschers ist es. Gelegentlich freilich versucht der Geschichtsforscher auch einmal, sich vor seinen Fachkollegen vom modernen Recht zu legitimieren. Er ist jedenfalls der Mahner zur Bescheidenheit. Im fortgeschrittenen 20. Jahrhundert werden nun schon einige Generationen von Juristen geschichtslos ausgebildet. Die bewundernswert geschliffene Art der Jurisprudenz unserer Tage täuscht aber darüber hinweg, daß sie – um in einem Bild zu sprechen – hin und wieder das Rad neu erfindet. Und vielgerühmte moderne Kodifikationen sind kaum große Schöpfungsakte, sondern eher Kompilationen fleißiger Abschreiber.

Der juristische Laie, der sich für Geschichte interessiert, kann an dieser Geschichte des Rechts ohne spezielle Ausbildung teilhaben. Er wird sein Erlebnis, alles schon einmal gesehen zu haben, vielleicht eher haben als der Jurist. Im Kern ist nämlich Rechtswissenschaft zuerst die möglichst vollständige, freilich auch schon vorgeordnete Kenntnis von den Problemen des menschlichen Zusammenlebens. In zweiter Linie folgt die Bewertung der Konflikte. Und am Ende der Reihe steht erst die juristische Technik, solche Konflikte zu lösen. Die Geschichte der Konflikte und ihrer Lösungen ist dabei nur auf ihrer höchsten Ebene eine Geschichte der Schlachten und der Friedensverträge, der Machtübergabe und der Machtübernahme, der Herrscher und der Aufsteiger. Darunter geht es um die kleine Geschichte des menschlichen Alltags. Sie beherrscht das Thema, so weit wir zurückblicken können. In ihr erkennen wir uns auch am ehesten wieder, ob sie sich nun im Lande Sumer abspielt, in einem ägyptischen Oasenstädtchen, unter den frühen Christen Antiocheias oder im städtischen Proletariat Roms.

Warum sich für den Rückblick der Mittelmeerraum anbietet, ist schnell klar. Die abendländische christliche Tradition sieht mit der Bibel die Wiege der Menschheit in Mesopotamien. Auch wenn wir heute daran zweifeln, ob uns das Alte Testament insoweit eine geschichtliche Wahrheit bietet, so ist doch die älteste Menschheitsgeschichte bislang nur in diesem Raum in reicheren schriftlichen Zeugnissen faßbar. Mesopotamien barg und birgt bis in das dritte Jahrtausend v. Chr. zurück „Texte aus der Umwelt des Alten Testaments", wie der Titel einer modernen Quellensammlung lautet. Aber nicht nur die Bibel und der Alte Orient stehen am Anfang unserer abendländischen Kultur. Dasselbe gilt für Griechenland im Verhältnis zur abendländischen Rechts- und Staatsphilosophie, dasselbe für Rom im Verhältnis zum europäischen Recht und Rechtsdenken.

Die Neugier des Historikers, auch die des Rechtshistorikers, hat selbst wieder eine Geschichte. Zum einen hat die Geschichte der Quellenfunde ihren eigenen Reiz. Man denkt an Tontafeln aus Babylon, an Papyri aus dem Sand Ägyptens, an Schriftrollen aus Höhlen am Toten Meer oder an Pergamenthandschriften aus Archiven orientalischer Kirchen. Dieser Teil der Forschung ist keineswegs abgeschlossen. Gerade heute werden ältere wie neuere Berichte über Ausgrabungen und Ausgräber wie Abenteuerromane gelesen. Darüber wird nur wenig publik, daß es ganz aktuelle Funde gibt, einstweilen nur dem Fachmann bekannt und nur in Ansätzen ausgewertet. Eine Geschichte hat aber auch die Auswertung längst bekannter Funde. Damit ist nicht nur die Geschichte der Irrungen und Wirrungen der Interpretationen gemeint, sondern in besonderem Maß die Ausbeutung der antiken Quellen für alle Arten von -ismen in der europäischen Geistesgeschichte.

Der Alte Orient und Ägypten waren noch in der Mitte unseres Jahrhunderts kaum erforscht. Man war schon stolz auf räumlich und zeitlich ganz punktuelle Kenntnisse. Das hat sich in den letzten Jahrzehnten gründlich geändert. Es entsteht mehr und mehr ein Gesamtbild von der Fülle orientalischer Rechtskreise und davon, wie das Leben schon früh vom Recht mitbestimmt wurde. Bilder entstehen, wo vor einem Jahrhundert nur einige verlorene Mosaiksteine zu sehen waren. Eine Vorlesung über Antike Rechtsgeschichte notierte zu Beginn unseres Jahrhunderts 5 voneinander verschiedene Rechtskreise; die gleiche Vorlesung aus dem Jahr 1970 berichtete bereits über 16 Rechtskreise; die gleiche Vorlesung aus dem Jahre 1992 befaßt sich mit mehr als 20 Rechtskreisen. Und der Spezialist für Sumer und Altbabylonien versteht nicht unbedingt etwas vom Hethiterreich und beide sind selten genauer mit der Erforschung der Aramäerstaaten zwischen Hatti und Ägypten oder mit den Sabäern Südarabiens vertraut.

Das Land der Griechen wurde bislang zumeist „mit der Seele“ gesucht. Der griechische Freiheitskampf in der ersten Hälfte des 19. Jahrhunderts lenkte den Blick des humanistisch Gebildeten mehr auf das klassische Griechenland als auf die späteren Griechen oder Hellenen. Und die Rechtsgeschichte widmete sich neben der Rechtsphilosophie – beide sind hier Töchter der Altphilologie, nicht der Rechtswissenschaft – bevorzugt den klassischen Quellen. Griechenland, das waren die Epen

Homers, das war Athen und Sparta in Philosophen und Gerichtsrednern, in Tragödien und Komödien. Wo aber fand sich das wirkliche Rechtsleben der Städte und Dörfer? Und was ist seit dem vierten Jahrhundert v.Chr. aus den Griechen dieser klassischen Quellen geworden? Die Forschung zeigt uns ferner in Kleinasien, in Ägypten und im Vorderen Orient eine Erscheinung griechischer Expansion, die wir Hellenismus nennen. Griechisch geschriebene Texte treten uns außerhalb Griechenlands auf Pergament und Papyrus, Stein und Leder entgegen. Was ist daran griechisch?

Nun gibt es freilich in der Geschichte des Mittelmeerraumes auch ein Rechtsgebiet, das wir längst vollständig zu kennen glauben, das Römische Recht. Als Rechtsordnung galt es ja noch bis zur Einführung des Bürgerlichen Gesetzbuches am 1.1.1900 in Deutschland. Aber dieses Römische Recht der Gerichte war nicht das Römische Recht der Geschichte. Es war ein auf den Punkt gebrachter Text, der aller seiner geschichtlichen Attribute, nämlich der Entwicklung, des Widerspruchs und der Lückenhaftigkeit entkleidet war. Erst mit dem genannten Datum waren die historischen Quellen zum römischen Recht frei, als Teile einer Antiken Rechtsgeschichte gelesen zu werden. Damit ergab sich für die Forschung zum Römischen Recht eine neue Situation, die Anwendung historischer Methoden. Es gab plötzlich kein einheitliches römisches Recht mehr, sondern römisches Recht auf vielfältigen Entwicklungsstufen einer über tausend Jahre reichenden Geschichte, die mit der Herrschaft der etruskischen Könige begann und allenfalls mit Kaiser Justinian im 6. Jahrhundert n.Chr. endete. Und es gab kein notwendig widerspruchsfreies Gebäude einer Rechtsordnung mehr, sondern Texte, die als Menschenwerk gewollte und ungewollte Widersprüche in sich enthielten und fortan auch enthalten durften, die nicht mit Gewalt hinweginterpretiert werden mußten. Als historische Erscheinung konnte dieses römische Recht nun auch im historischen Kontakt mit anderen Rechten des Mittelmeerraumes gesehen werden. Auch interessierte nun erstmals die äußere Geschichte des Rechts, die Bedingungen seiner Entstehung, insbesondere die römische Verfassungsgeschichte. Sie war bis dahin eine Domäne der Althistoriker. Hier steht also der Wandel in der Betrachtung im Vordergrund. Doch hält unsere Zeit auch noch völlig neue Quellen zum römischen Recht bereit. Es ist nach allem verfrüht, zu behaupten, die Erforschung des römischen Rechts beschränke sich heute darauf, einen Berg umzugraben, um einen Regenwurm zu finden.

Den Rechtshistoriker, der in einer Person den Mittelmeerraum in seiner weitesten Ausdehnung fachkundig überblickt, gibt es nicht. Es gab ihn nur zu Zeiten, als die Quellen außerhalb des römischen Rechts noch wenige und die Kenntnisse dürftig waren. Dabei waren es gerade Romanisten, die um die Wende vom 19. zum 20. Jahrhundert ihre Fachgrenzen überschritten und sich umfassend für die Rechtsordnungen an den Grenzen des Römischen Reiches interessierten. Wer die Frühzeit Roms erforschte, gelangte zu den Etruskern und zu den Griechenstädten Italiens. Wer sich für die römische Epoche Ägyptens interessierte, konnte nicht an der älteren Rechtsgeschichte Ägyptens vorbeisehen. Und wer sich dabei der Ptolemäerzeit Ägyptens zuwandte, konnte sie nicht aus älterer griechischer Tradition und Hellenismus herauslösen. Heute hat der Rechtshistoriker der Antike, selbst wenn er sich auf das Fach Römisches Recht beschränkt, alle Mühe, die Forschung der Spezialisten über alle Zeiten, Regionen und Sachgebiete im Auge zu behalten. Von Neuentwicklungen der Forschung im altgriechischen Recht, in der ägyptischen Papyrologie, in den zahlreichen altorientalischen Rechten, in den römischen Stadtrechten der spanischen Provinz oder in den Sammlungen der Westgoten, um nicht ohne Beispiele zu sprechen, wird er selten mehr als Kenntnis nehmen können. Schon die erforderten Sprachkenntnisse werden sich als Barrieren erweisen. Neben Latein und Griechisch begegnen ihm Demotisch, Koptisch, Aramäisch, Persisch, Hethitisch, Sumerisch, Syrisch, Armenisch, Georgisch, Arabisch usw.

Vor diesem Hintergrund sei der Versuch gewagt, eine Gesamtdarstellung zu geben. Sie soll freilich keine bis zur Unkenntlichkeit vereinfachte Übersicht bieten, sondern den aktuellsten Stand spezieller Forschung allgemein verständlich wiedergeben. Der Spezialist freilich wird wie der Eingeborene den Eindringling im Dickicht seines Fachgebietes mit dem vergifteten Pfeil erwarten. Aber ein Kollektiv von Spezialisten wäre sicher nicht in der Lage, alle übergreifenden Gesichtspunkte zu beachten. Ein gewisser Mut zur Lücke ist daher von der Sache her erforderlich. Gleichwohl werde ich nicht alles Fehlende als bewußte Auslassung erklären können. Ich hoffe auf Nachsicht.

B. Geistesgeschichte und Antike Rechte

I. Anstöße, in die Geschichte zu blicken

Das Interesse an den rechtlichen Einrichtungen der Vergangenheit war über lange Zeit kein wahres Interesse an der Rechtsgeschichte und ihren Quellen. Das beste Beispiel dafür ist das Römische Recht. Sein Studium war seit seiner Wiederentdeckung in Oberitalien im 11. Jahrhundert kein historisches Studium, sondern Studium geltenden Rechts. Dabei blieb es, bis moderne Kodifikationen seinen Platz einnahmen, in Deutschland am längsten, nämlich bis zur Einführung des BGB zum 1.1.1900. Als geschichtliche Disziplin gibt es Römisches Recht daher erst in unserem Jahrhundert. Das galt für die anderen Rechte des Mittelmeerraumes, soweit deren Quellen bekannt waren, nicht. Dennoch wurden auch sie erst spät um ihrer selbst willen betrachtet. Zuerst treten sie uns nämlich als exempla verschiedenster Dogmatismen unserer europäischen Geistesgeschichte entgegen. Und diese -ismen waren überhaupt die Ursache, daß sich der Blick der Wissenschaft über das Römische Recht hinaus auf andere Rechtsordnungen der Antike richtete. Mit der dogmatischen Betrachtung des Römischen Rechts haben sie über Jahrhunderte gemeinsam, daß sie geschichtliche Texte und Gegebenheiten um anderer Ziele, nicht um ihrer selbst willen heranzogen. Nicht die Neugier des Historikers ist ihre Motivation, sondern die Suche nach Argumenten, nach Beispielen für vorgestellte gesellschaftliche Zusammenhänge. Auch hiervon kann sich die Rechtsgeschichte letztlich erst zum Ende des 19. Jahrhunderts befreien.

Die Neugier nach der Rechtsgeschichte der Antike hat damit ihrerseits eine Geschichte; wir nennen sie Wissenschaftsgeschichte. Literarisch faßbar wird diese, lange Zeit noch begrenzte Neugier erstmals in den Naturrechtsbewegungen seit dem 17. Jahrhundert. Der – zunächst erfolglose – Versuch einer Abkehr vom praktizierten Römischen Recht der Zeit drängte dazu, Beispiele für das Natürlich-Vernünftige in Quellen außerhalb des Römischen Reiches zu suchen. Dabei erwiesen sich die Vertreter des frühen Naturrechts, etwa Grotius, als ganz profunde Kenner der gesamten antiken Literatur, in der mannigfache Hinweise auf nichtrömische Rechtseinrichtungen zu finden waren. Nicht anders verfuhren später sozial- und geschichtsphilosophische Richtungen mit demselben Material. Es wurde zum willkommenen Beispiel in einer Demonstration. Den modernen Rechtshistoriker interessieren daran weit weniger die fach- oder zeitgebundenen Ergebnisse der Beispielssuche als die Fülle des antiken Materials, das hier verwertet wird, und die Rechtsordnungen, die neben der römischen auftauchen.

In der engen Welt der frühen Neuzeit waren die Quellen der Antike noch das einzige Argumentationsmaterial. Schon bald aber bedienten sich die soziologischen, völkerkundlichen, vergleichenden und universalgeschichtlichen Untersuchungen mit rechtlichem Einschlag nicht nur der antiken exempla, sondern man bezog auch solche der weit gewordenen übrigen Welt ein. Weit war diese Welt nicht nur durch die verbesserten Reisemöglichkeiten, nicht nur durch die Entdeckung Amerikas und der großen Seewege, sondern auch durch die Entdeckung des Buchdrucks geworden. Reiseberichte, realistischer oder phantastischer Art, erscheinen jetzt neben den antiken Quellen zitiert. Die modernen Beispiele tun wie die antiken ihre Dienste, ob sie nun wahr sind oder falsch. Erst in vielen weiteren Anläufen wird sich im 19. Jahrhundert auch hier die Betrachtung des Gegenstandes um seiner selbst willen durchsetzen, werden sich die Rechtsgeschichte, die Rechtsethnologie (rechtliche Völkerkunde) und die Rechtsvergleichung als eigene Fachgebiete von der Sozial- und Geschichtsphilosophie lösen. Rückfälle hat es gleichwohl immer gegeben, und es wird sie immer geben. So hat in unserer Zeit der historische Materialismus seine politischen Ideen geschichtlich untermauert. Und dabei wählte er keine andere Betrachtungsweise als jene der historischen -ismen vor seiner Zeit. Er wählte seine exempla danach aus, ob sie in das vorgegebene Betrachtungsschema paßten; ja er wählte schon seine „Geschichte", die er zu betrachten gedachte, danach aus, ob sie in das Lehrgebäude passen werde oder nicht.

II. Der juristische Humanismus

Seit der Wiederentdeckung des justinianischen römischen Rechts im 11. Jahrhundert in der Rechtsschule von Bologna, war es über Jahrhunderte hinweg die Aufgabe des mit diesem Römischen Recht arbeitenden praktischen Juristen, aktuelle Probleme bestimmter Streitparteien zu beurteilen. Das Römische Recht wurde auf diese Weise des Heiligen Römischen Reiches Deutscher Nation Gemeines Recht. Mit diesem Römischen Recht begann, was wir Europäische Rechtswissenschaft und Europäisches Recht nennen. Daß dieser Beginn in Oberitalien liegt, hat seinen historischen Grund. Dort war nämlich das oströmische, justinianische Kompilationswerk der Jahre 529 bis 532 n.Chr. als Überbleibsel oströmisch-byzantinischer Herrschaft im Exarchat Ravenna greifbar. Es wäre ein eigenes Thema, die Ursprünge dieser Europäischen Rechtswissenschaft darzustellen und ihre Entwicklung in Europa zu verfolgen. Hier interessiert diese Entwicklung, weil sie dazu führt, daß das römische Recht, wie es die damals bekannten justinianischen Quellen spiegeln, als „geschriebene Vernunft" (ratio scripta) für die Rechtspraxis betrachtet wurde. Nicht der geschichtliche Text als solcher interessierte die bologneser Juristen, sondern das damit für die Rechtswissenschaft und Rechtspraxis verfügbare normative Instrument. An einen geschichtlichen Text hätte man mit den Kriterien der Geschichtswissenschaft herantreten müssen. Man hätte dieses Recht in allen seinen gegebenen Widersprüchen und historischen Entwicklungen, in allen seinen Lücken und Schwächen, vor allem aber in seinen gesellschaftlichen und wirtschaftlichen Bedingungen betrachten müssen, um ihm als geschichtliches Phänomen einer Entwicklung, die sich über tausend Jahre zieht, gerecht zu werden. Als praktiziertes Recht war das römische Recht der Zeit Justinians aber nur dienstbarer Text, Gegenstand einer Auslegung, die etwas „leisten" sollte. Das Recht sollte Streitentscheidungen bieten; und für Streitentscheidungen konnte man eben keine Textwidersprüche, keine Juristenstreitigkeiten und keine Entwicklungszüge brauchen. Auch mußte man das römische Recht nun, ab dem 11. Jahrhundert, gegenwartsbezogen lesen. Es half nicht, wenn man einer Streitpartei etwa die historischen Erscheinungen und Entscheidungen des alten vorrepublikanischen Rom oder auch nur der Zeit Justinians vor Augen führte. Nach dieser Methode modernisierender Auslegung (Exegese) arbeitete die seit dem Jahre 1088 n.Chr. in Bologna entstehende Rechtsschule. In ihr wurden im Laufe der Zeit Richter, Notare, Advokaten, städtische Rechtsberater und Stadtfunktionäre am Römischen Recht ausgebildet.

Als ratio scripta wurde das Römische Recht dabei in die Nähe eines anderen antiken Textes gerückt, in die Nähe der Heiligen Schrift, eines Textes, der unantastbare Autorität war, in dem es ebenso keine Widersprüche und keine Textentwicklung geben durfte. Die Autorität der Offenbarung dachte man sich zeit- und geschichtslos. Und dementsprechend wurde auch das von der Antike überlieferte Römische Recht als zeit- und geschichtslose Autorität betrachtet.

Die fortlaufende Erläuterung (Glossierung) der einzelnen Texte des römischen Rechts hat den Namen der bologneser Schule geprägt. Man spricht von „Glossatoren". Die stete Vervollkommnung der „Glossen" und die Ausbreitung des Römischen Rechts über Europa führte in der Folge zu einer Veränderung dieses Verfahrens. Zunächst lasen die auf die „Glossatoren" folgenden „Kommentatoren" ihre Texte im Zusammenhang und schufen zum ersten Mal ein System daraus. Verändert wurde dann das Studium des Römischen Rechts nochmals in der Methode des modernen Gebrauchs der Pandekten, wie man das Römische Recht auch nennt, im Usus modernus pandectarum, seit der praktischen Übernahme des Römischen Rechts nördlich der Alpen. Immer blieb aber die Autorität des Römischen Rechts der Antike gewahrt, die eine eigentlich geschichtliche Betrachtung verbot.

Das Römische Recht aus der Sammlung Justinians gab in seinen Texten wenig Anlaß, überhaupt daran zu denken, daß es auch noch außerhalb Roms Recht gab. Wohl sahen schon die römischen Juristen, daß es innerhalb des römischen Rechts zwei Rechtsschichten gab, eine ganz speziell römische für die Bürger Roms und eine, die auch außerhalb Roms als allgemeines Prinzip gelten konnte, das Recht der Völker (ius gentium). Fremdes Recht aber, das allein und speziell fremden Völkern eigen war, interessierte den römischen Juristen nicht. Die römische Gerichtsorganisation bot zu einer anderen Betrachtung auch gar keinen Anlaß. Vor römischen Gerichten wurde stets nur nach römischem Recht geurteilt.

Wurden Fremde, Nichtrömer, die an sich in einer anderen Rechtsordnung zu Hause waren, vor römische Gerichte gezogen, so waren sie römischem Recht unterworfen. Was andererseits vor fremden Gerichten geschah, war für die Römer, soweit sie Fremden gerichtliche Autonomie gewährt hatten, nicht von Interesse. Es sei denn, man war im Ausnahmsfalle einmal daran interessiert, daß auch vor den fremden Gerichten jene öffentliche Ordnung gewahrt wurde, die man im Römischen Recht als Summe der unabdingbaren Grundprinzipien (heute als ordre public bezeichnet) ansah. Und als schließlich mit dem Jahre 212 n.Chr., mit der Constitutio Antoniniana, römisches Recht für fast alle Bewohner des Römischen Reiches gelten sollte, war fremdes Recht erneut ohne jedes Interesse für die römischen Juristen. Begegnete ihnen in irgendeinem Fall in der Begegnung mit der Provinz fremdes Rechtsdenken, so setzten sie die ihnen darin vorgegebenen Tatsachen für das Römische Recht um; fremde Rechtsansichten interessierten sie auch jetzt nicht. Die griechische Paratheke wurde etwa als römische Leihe, Verwahrung oder Darlehen verstanden, der aramäische Ehevertrag ohne gleichzeitige Heimführung wurde zur römischen Verlobung gedeutet.

Der juristische Humanismus durchbrach nun im 14. und 15. Jahrhundert erstmals die Enge dieser Quellenbetrachtung, die sich ganz auf das Römische Recht als geltendes Recht zurückzog. Eine neue Leidenschaft für die allgemeine Wiedergeburt der „reinen Antike“ (Renaissance) brachte in der geradezu oppositionellen humanistischen Rechtslehre ein neues Verhältnis zu den überkommenen römischen Quellen hervor. Dabei können wir wiederum eine Parallele zur neuen Begegnung mit der Hl. Schrift feststellen. Die religiöse Erneuerung der Zeit der Renaissance begann nämlich, hinter dem lateinischen Text der Hl. Schrift, dem Text der Vulgata, den hebräischen bzw. griechischen Urtext zu suchen.

Und sie sah hinter der Hl. Schrift zum erstenmal nicht nur die göttliche Autorität der Offenbarung, sondern auch das menschliche Werk der sprachlichen Textüberlieferung und der Übersetzung. In der Theologie wie in der Jurisprudenz verlangten jetzt Geschichte und Philologie ihren Anteil an der Erkenntnis der überkommenen antiken Zeugnisse.

Die neue Art historischer Quellenbetrachtung mußte sich bei den Juristen gegen die überkommene Methode, die in Oberitalien ihren Siegeszug angetreten hatte (mos italicus = italienische Art), wenden und sie hatte vorwiegend in Frankreich und in den Niederlanden Erfolg (mos gallicus = französische Art). Damit war der erste Ansatz vorhanden, römische Rechtsquellen, etwa die XII-Tafeln, als historische Erscheinungen zu sehen, sie nicht als „Recht", sondern als geschichtliche Rechtsliteratur zu lesen. Damit war aber auch der Weg für den Juristen frei, sich für andere als römische juristische Literatur der Antike, ja sich für andere als für juristische Literatur überhaupt zu interessieren, wenn sie Rechtseinrichtungen spiegelte. Beeinflußt war dieses Interesse sicher dadurch, daß die Renaissance gerade eben – im 14./15. Jahrhundert – die antike Literatur in Handschriften wiederentdeckte, durch Kopien verbreitete und in Auszügen (Florilegien) zu verwerten begann. Ciceros Briefe und Prozeßreden wurden nun ebenso zur Quelle der Rechtserkenntnis wie die Werke des Tacitus, der beiden Plinii, des Horaz, des Ovid, des Vergil, des Varro usw. Und erstmals zeigten Juristen Interesse für die bisher nicht beachteten griechisch geschriebenen Rechtstexte der römischen Rechtstradition. Bislang hatte man als Jurist Griechisches gar nicht erst gelesen. Nun erlebte das Griechische ganz allgemein seine Renaissance, nicht zuletzt, nachdem 1453 n.Chr. Konstantinopel an die Türken gefallen war und viele gebildete Byzantiner wie der spätere Kardinal Bessarion nach dem Westen gelangten. Erasmus von Rotterdam (ca. 1469–1536) konnte diese Bewegung nützen und antike Ideen der Staatslehre oder antike Ideen der aequitas (Billigkeit), der kirchlichen Epikie (Nachsicht vom Recht) und der Gerechtigkeit für Themen der Rechtsphilosophie verwerten. Der Jurist Hotmann wollte im antirömischen Antitribonian gar das Mosaische Recht in Betracht gezogen haben.

Die neue Art der Rechtsbetrachtung hatte erstmals die Tür für eine Art historischer Betrachtung römischen und außerrömischen Rechts geöffnet, und diese Tür wurde in der Folgezeit nicht mehr geschlossen. Der mos italicus setzte sich zwar im Unterricht des römischen Rechts auf Dauer gegen den mos gallicus durch. Außerhalb der praktischen Lehre des Römischen Rechts blieb aber das Interesse für die historische Erscheinung dieses römischen Rechts und anderer Rechte des Mittelmeerraumes erhalten.

III. Die Aufklärung und die neue ratio (Vernunft)

Die Zeit der Aufklärung (ungefähr 1600–1800 n.Chr.) rückte letztlich noch weiter als der Humanismus von einer Weltbetrachtung ab, in der alle Erkenntnis von Autorität bestimmt war. Die Philosophie emanzipierte sich von der Theologie, als deren Dienerin sie bislang galt, und sie löste sich damit auch aus der vorgegebenen Autorität der Hl. Schrift. Die Betrachtung des Rechts wieder emanzipierte sich von der tradierten Autorität des Römischen Rechts, letztlich damit auch von der Autorität geschichtlich positiver Rechtssetzung aller Zeiten. Diese Betrachtung des Rechts wurde von der gerade eben emanzipierten Philosophie getragen, die den Anspruch erhob, ein richtiges Recht zu entwerfen oder doch eine Forderung an das positive Recht zu stellen, die auf ein vorgegebenes „richtiges", geradezu „natürliches" Recht (Naturrecht) zielte. Diese Forderung nach der Erkenntnis richtigen Rechts wurde aus einer unmittelbaren Anschauung der Vernunft beantwortet, freilich auf eine ganz menschliche Weise, unter Verwendung umfassender geschichtlicher Erfahrung. Und genau darin liegt auch der Ansatz, warum wir die Naturrechtsbewegungen in ihren verschiedenen Phasen als Motor zur Betrachtung aller antiken Rechte des Mittelmeerraumes sehen dürfen.

Das Naturrechtsdenken, gleich welcher Art, überholt damit den Humanismus in seinem Streben, die Rechtswissenschaft in die Gesamtinterpretation der Welt einzubeziehen. Der Mensch wird als Gesellschaftswesen zum Gegenstand einer voraussetzungsfreien Beobachtung. Es werden Naturgesetze der Gesellschaft gefunden oder entworfen, die im Ergebnis zur Forderung gerechten Rechts an die jeweilige Wirklichkeit werden. Gerechtes Recht aber denkt man dabei zunächst als ein Recht, das ewig, d.h. von der Zeit, und allgemein, d.h. von einem bestimmten Raum, unabhängig ist. In einer späteren Entwicklungsphase werden solche Forderungen nach der Erkenntnis gerechten Rechts über die verschiedensten Maßstäbe relativiert. Aber auch für das relativ Richtige waren geschichtliche Daten als Belege erforderlich, Daten, die stärker als das ältere Naturrecht bereits in die Gegenwartsvergleichung und damit aus der Antike herausführten. Hier interessiert uns erneut der Anstoß, die Suche nach den exempla (Beispielen) zum Vergleich, vielleicht auch noch der Erfolg der Suche in historischen Daten, nicht aber deren Ergebnis, das Naturrecht, als Teil der Geschichte der Philosophie oder des Rechts.

Woher nehmen die verschiedenen Denker der Naturrechtsbewegung konkret ihre Thesen, aus welchem Anschauungsmaterial entwickeln sie das angeblich völlig voraussetzungslos erkannte, spekulative Naturrecht? Ein immer und überall geltendes Naturrecht mußte gelegentlich dem erkannten Recht einer bestimmten geschichtlichen Epoche entsprechen. Und ein relatives Naturrecht verschiedener Zeiten und Regionen mußte sich ebenso wenigstens gelegentlich irgendwo und irgendwann geschichtlich manifestiert haben. Wir dürfen dabei ganz selbstverständlich erwarten, daß eine Bewegung, die das Römische Recht generell überwinden wollte, doch wieder zum Römischen Recht als dem am besten faßbaren exemplum greift. Daneben aber findet sie das überall und immer geltende Weltrecht oder das relativ richtige Recht auch einmal im Recht einer altgriechischen Stadt, bei einem der lateinischen oder griechischen Kirchenväter oder bei einem der antiken Historiker, Biographen, Reiseschriftsteller oder Poeten. Besonders wenn es sich um stets spezielles, regional stark unterschiedliches Familienrecht und Erbrecht handelte, konnte es nicht ausbleiben, daß die Begegnung mit den antiken Kulturen und später die Begegnung mit den Kulturen fremder Völker der Neuzeit über die weltweite Ausdehnung der Seefahrt zu Erscheinungen hinführte, die dem Römischen Recht unbekannt waren oder ihm widersprachen.

Für die Anfänge einer Rechtsvergleichung im antiken Mittelmeerraum ist daher das Werk von Hugo Grotius, *De iure belli ac pacis libri tres* (Drei Bücher über das Recht des Krieges und des Friedens) (1625) von größtem Interesse, auch wenn es in der spanischen Moraltheologie zu den neuen Kolonialherrschaften schon Vorläufer dazu gab. Grotius gründete seine Erkenntnis eines unwandelbaren Naturrechts auf das Zeugnis der gesamten damaligen Rechtserfahrung in der antiken Geschichte. Sie ist ihm für seine Auffassung Beleg, weil sie kraft des antiken Autors Ansehen schafft und so den

Leser überzeugt. So beruft er sich z.B. in Lib. II Cap. XXI, §§ 13 und 14 über die Zurechnung der Taten der Eltern an die Kinder auf Hieronymus' Epistolae, den Codex Justinianus, Dio Chrysostomos, Philo von Alexandrien, Dionysios von Halikarnassos, die Gesetze des Solon, Ammianus Marcellinus, Seneca, Herodot, das Alte Testament, Plutarch, Tertullian, Gellius, Strabo, Flavius Josephus, Plato, Isokrates und Cicero u.a.m. In seinen eigenen Anmerkungen wie denen von Gronovius (1611–1671) finden sich dazu noch Ergänzungen, die zu manchen Themen bereits über die antike Literatur hinaus z.B. zu den Dekretalen (Kirchenrecht), zu zeitgenössischen Berichterstattern wie Camden oder zu dem jüdischen Philosophen Maimonides (12. Jahrhundert) führen. Stellte man die antiken Werke, aus denen die Belege zu den verschiedensten Themen genommen sind, nebeneinander, so hätte man insgesamt gewiß nahezu den gesamten riesigen Bestand heute bekannter antiker Literatur vor Augen. Welch' eine Bibliothek mußte dem Autor im Original oder in Auszügen gedient haben.

Während Grotius noch fast ausschließlich antike Belege für die eine unabänderliche Wahrheit seines Entwurfes bot, suchten spätere Naturrechtsdenker überall Belege für die nach ihrer Meinung notwendige Relativität solcher Konzepte nach Zeit und Raum. Hier sei Samuel von Pufendorf, *De iure naturae et gentium libri VIII* (Acht Bücher über das Recht der Natur und der Völker) aus dem Jahre 1697 herausgegriffen. Pufendorf findet bereits in der antiken Literatur unterschiedliche „Wahrheiten". Doch sind ihm vom Darstellungsziel her neuzeitliche exempla neben antiken und weltweite neben solchen des Mittelmeerraumes weit dienlicher. Sollten doch gerade die notwendigen Unterschiede, nicht die Übereinstimmungen wie bei Grotius dargetan werden. Auch die Belesenheit Pufendorfs in der Antike und in der Fülle der neuen Literatur der Reisebeschreibungen

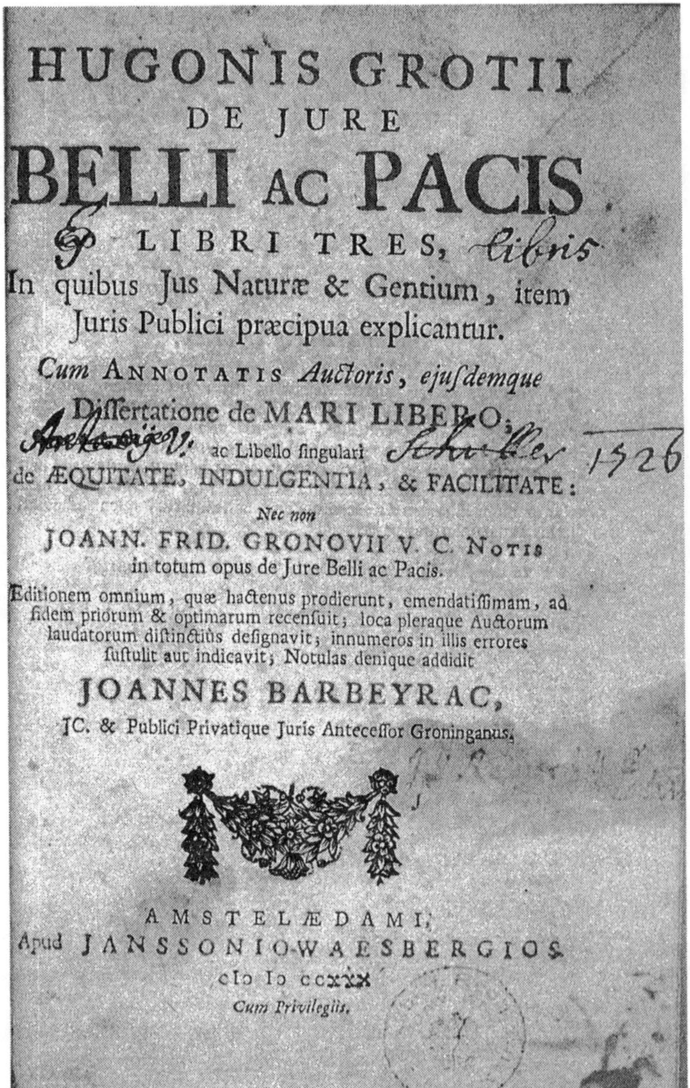

HUGONIS GROTII
DE JURE
BELLI AC PACIS
LIBRI TRES,
In quibus Jus Naturæ & Gentium, item
Juris Publici præcipua explicantur.
Cum ANNOTATIS *Auctoris*, *ejusdemque*
Dissertatione de MARI LIBERO;
ac Libello singulari
de ÆQUITATE, INDULGENTIA, & FACILITATE:
Nec non
JOANN. FRID. GRONOVII V. C. NOTIS
in totum opus de Jure Belli ac Pacis.
Editionem omnium, quæ hactenus prodierunt, emendatissimam, ad fidem priorum & optimarum recensuit; loca pleraque Auctorum laudatorum distinctiùs designavit; innumeros in illis errores sustulit aut indicavit; Notulas denique addidit
JOANNES BARBEYRAC,
JC. & Publici Privatique Juris Antecessor Groninganus.

AMSTELÆDAMI,
Apud JANSSONIO-WAESBERGIOS.
CIↃ IↃ CCXX
Cum Privilegiis.

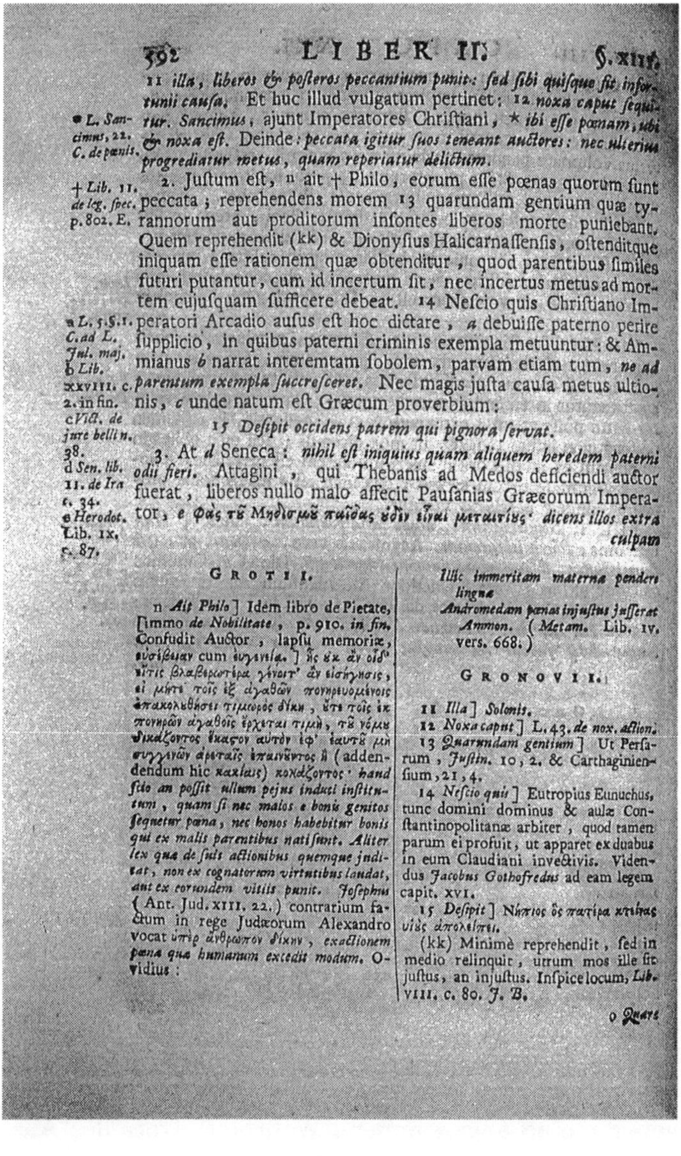

592 LIBER II. §. XIII.

11 *illa, liberos & posteros peccantium punit: sed sibi quisque sit infortunii causa.* Et huc illud vulgatum pertinet: 12 *noxa caput sequitur. Sancimus*, ajunt Imperatores Christiani, * *ibi esse pœnam, ubi & noxa est.* Deinde: *peccata igitur suos teneant auctores: nec ulterius progrediatur metus, quam reperiatur delictum.*

2. Justum est, n ait † Philo, eorum esse pœnas quorum sunt peccata; reprehendens morem 13 quarundam gentium quæ tyrannorum aut proditorum insontes liberos morte puniebant. Quem reprehendit (kk) & Dionysius Halicarnassensis, ostenditque iniquam esse rationem quæ obtenditur, quod parentibus similes futuri putantur, cum id incertum sit, nec incertus metus ad mortem cujusquam sufficere debeat. 14 Nescio quis Christiano Imperatori Arcadio ausus est hoc dictare, *a* debuisse paterno perire supplicio, in quibus paterni criminis exempla metuuntur: & Ammianus *b* narrat interemtam sobolem, parvam etiam tum, *ne ad parentum exempla succresceret.* Nec magis justa causa metus ultionis, *c* unde natum est Græcum proverbium:

15 *Desipit occidens patrem qui pignora servat.*

3. At *d* Seneca: *nihil est iniquius quam aliquem heredem paterni odii fieri.* Attagini, qui Thebanis ad Medos deficiendi auctor fuerat, liberos nullo malo affecit Pausanias Græcorum Imperator, *e* φὰς τοῦ Μηδισμοῦ παῖδας οὐδὲν εἶναι μεταιτίους· *dicens illos extra culpam*

* L. Sancimus, 22. C. de pœnis.
† Lib. II. de leg. spec. p. 802. E.
a L. 5. §. 1. C. ad L. Jul. maj.
b Lib. XXVIII. c. 2. in fin.
c Vict. de jure belli n. 38.
d Sen. lib. II. de Ira c. 34.
e Herodot. Lib. IX. c. 87.

GROTII.

n *Ait Philo*] Idem libro de Pietate, [immo *de Nobilitate*, p. 910. *in fin.* Confudit Auctor, lapsu memoriæ, εὐσέβειαν cum εὐγενείᾳ.] ἧς οὐκ ἂν οἶδ' εἴ τις βλαβερωτέρα γένοιτ' ἂν εἰσήγησις, εἰ μήτε τοῖς ἐξ ἀγαθῶν πονηρευομένοις ἀπακολουθήσει τιμωρὸς δίκη, οὔτε τοῖς ἐκ πονηρῶν ἀγαθοῖς ἔρχεται τιμή, τοῦ νόμου δικάζοντος ἕκαστον αὐτὸν ἐφ' ἑαυτοῦ μὴ συγγενῶν ἀρεταῖς ἐπαινοῦντος ἢ (addendendum hic κακίαις) κολάζοντος· *haud scio an possit ullum pejus induci institutum, quam si nec malos e bonis genitos sequetur pœna, nec bonos habebitur bonis qui ex malis parentibus nati sunt. Aliter lex quæ de suis actionibus quemque judicat, non ex cognatorum virtutibus laudat, aut ex eorundem vitiis punit. Josephus* (Ant. Jud. XIII. 22.) contrarium factum in rege Judæorum Alexandro vocat ὑπὲρ ἄνθρωπον δίκην, *exactionem pœnæ quæ humanum excedit modum.* Ovidius:

Illic immeritam maternæ pendere linguæ
Andromedam pœnas injustus jusserat Ammon. (*Metam.* Lib. IV. vers. 668.)

GRONOVII.

11 *Illa*] *Solonis.*

12 *Noxa caput*] L. 43. *de nox. action.*

13 *Quarundam gentium*] Ut Persarum, *Justin.* 10, 2. & Carthaginiensium, 21, 4.

14 *Nescio quis*] Eutropius Eunuchus, tunc domini dominus & aulæ Constantinopolitanæ arbiter, quod tamen parum ei profuit, ut apparet ex duabus in eum Claudiani invectivis. Videndus *Jacobus Gothofredus* ad eam legem capit. XVI.

15 *Desipit*] Νήπιος ὃς πατέρα κτείνας υἱοὺς ἀπολείπει.

(kk) Minimè reprehendit, sed in medio relinquit, utrum mos ille sit justus, an injustus. Inspice locum, *Lib.* VIII. c. 80. *J. B.*

o *Quare*

im Gefolge des mit dem 16. Jahrhundert beginnenden Kolonialzeitalters ist eindrucksvoll. Pufendorf verwendet wie Grotius die gesamte antike Literatur, die Bibel, Juristen, antike Reiseberichterstatter, Poeten, Historiker, Redner, Romanschreiber, Kirchenväter und Philosophen; die Iphigenie des Euripides wird ebenso als Rechtsquelle zitiert wie Aristoteles und Seneca, wie Plinius der Ältere und Curtius' Alexanderroman. Bedeutsam ist, daß nun aus den Rechtsquellen im engeren Sinne nicht nur das justinianische römische Recht zitiert wird, sondern auch andere Quellen römischen Rechts, etwa die Collatio legum Mosaicarum et Romanarum. Daneben erscheinen bei Pufendorf „moderne" Autoren wie Montaigne (Essais), Lopez (De Regno Congo), Vossius (De Nilo), Alvarez (Descriptio Aethiopiae), Ludovicus Romanus (Navigatores), Buchananus (Rerum Scoticarum), Varenius (Descriptio Japoniae), Leo Mutinensis (Historia rituum Ebraicorum), Richerius (De moribus Turcarum), Rogerius (De Braminibus), Rochefort (Descriptio Antillarum), Ludolf (Historia Aethiopica), Carlisle (Descriptio Moscoviae), St. Olonius (Relationes de imperio Marocano), Lovberius (Descriptio regni Siamensi), Pastorius (Historia Poloniae) etc. etc. Auch die Welt des Juristen ist weit geworden. Die Beschäftigung mit den Gegebenheiten ist zwar noch nicht sehr tief, aber die Tür zu einer umfassenden vergleichenden Betrachtung der Antike mit der Moderne war offen. Die Rechtsethnologie kündigt sich an.

Ein weiterer Wandel tritt bei Thomasius in seinem Werk *Fundamenta Juris Naturae et Gentium* (1705) hervor. Sein Empirismus geht bereits von der unerschöpflichen Mannigfaltigkeit, aber auch von der Einzigartigkeit der geschichtlichen Daten aus. Die neue Rechtswissenschaft denkt nun schon mehr in geschichtlichen Dimensionen, nicht in bloß geschichtlichen Belegen für eine angenommene Wahrheit. Trotz des Ausgangspunktes im Naturrecht stoßen wir hier bereits auf ein Denken, das zu Giambattista Vico, zu Shaftesbury, zu Herder und weiter zur Geschichtsphilosophie des deutschen Idealismus führt. Die Freude an Belegen für die Aussagen nimmt freilich bei Thomasius ab. Die Disziplin ist etabliert, man hat bereits genügend naturrechtliche Autoren, auf die man sich stützen kann. Gleichwohl ist auch hier interessant, wie weit die Belege reichen, die bei Thomasius, eher um der Darstellung Farbe zu geben, geboten werden: Es erscheint wieder die antike Literatur, in verstärktem Maß aber kirchliches, germanisches und lokales deutsches Recht, Recht der Gallier, Perser und Inder ohne genauere Angaben, spanisches Recht aus Westindien, portugiesisches Recht usw. Die Palette ist nicht mehr ganz so breit wie bei Pufendorf, und auf den Glauben des Lesers an den Autor wird mehr gebaut als auf die Autorität genau zitierter Belege.

Insgesamt hatte man jedenfalls einen Maßstab zur Bewertung des Römischen Rechts in anderen Rechtsordnungen gefunden, so gering auch die Kenntnis von ihnen noch war. Von hier aus schien es nur eine Frage der Zeit zu sein, bis sich die Juristen ernsthafter für die zum Vergleich herangezogenen antiken und modernen Rechtsordnungen interessierten und damit die Antike Rechtsgeschichte, die rechtliche Völkerkunde und die moderne Rechtsvergleichung begründeten.

IV. Der pragmatische Historismus

Etwas theoretisch trennt unsere Überschrift den pragmatischen Historismus von der Naturrechtsbewegung, weil beide in Randbereichen noch zusammengehören. In der Geschichte des Denkens liegen Übergänge ohnehin näher als Revolutionen. In überscharfer theoretischer Trennung wird jedenfalls die neuzeitliche Rechtsbetrachtung in zwei Denkströmungen geteilt. Die einen, die Vertreter des Naturrechts, entwerfen Systeme geradezu nach mathematischen Kriterien, deren Belege – sei es als absolute und zeitlose, sei es als relative, klima- und zeitgebundene – jeweils in geschichtlichen Daten gefunden werden. Solche Naturrechtssysteme haben wir bereits kennengelernt. Die andere der neuen Bewegungen nimmt von vornherein die menschliche Rechtsordnung als Gebilde gesellschaftlicher Art in der Geschichte an. Sie stellt das Recht jeweils in den Zusammenhang einer Fülle von geschichtlichen Bedingungen. Die Relativierung richtigen Rechts wird geradezu auf die Spitze getrieben, wenn G. Vico in seinem Buch „Die Neue Wissenschaft über die gemeinschaftliche Natur der Völker" (Nuova scienza), bekannt auch als „Grundlinien der Neuen Wissenschaft" (Ricorsi della nuova scienza, letzte Fassung von 1744), sagt, daß die Natur der Dinge nichts anderes sei als ihr Entstehen in bestimmten Zeitläufen und unter bestimmten Umständen. Das „natürliche Recht" entstand nach solcher Auffassung also bei jedem Volk gesondert. Entstanden gleiche Ideen bei verschiedenen Völkern, so mußten sie einen gemeinsamen Grund in der Realität haben. Genau das werden wir später im 19. Jahrhundert noch einmal hören. Die bisher gesuchte reine Idee des Rechts wird somit gegen seine geschichtliche Bedingtheit gesetzt. Das „Wahre" steht dem „geschichtlich Billigen und Rechten" gegenüber, so noch einmal G. Vico in „Von dem einen Ursprung und Ziel allen Rechts". Das Naturrecht steht nun gegen seine durchaus geschichtliche „Auslegung" durch die „Gewohnheit", durch die „Sitten der Völker", letztlich auch durch den positiven Gesetzgeber. Oder, wie es dann Leibniz formuliert: Das geschichtliche Werden ist nur eine allmähliche Klärung dessen, was ewiges Gesetz ist. Die Konsequenz für Vico war dann auch der Versuch einer großen Synopsis des universalen Rechts.

Aber noch immer wird Geschichte nicht um ihrer selbst willen betrachtet, wenn das überhaupt je geschehen kann, sondern die Daten werden benutzt, um geschichtsphilosophische Thesen zu untermauern. Auch die Antike muß sich gefallen lassen, auf diese Weise verwertet und nicht selten verfremdet zu werden. Es geht noch immer nicht um die geschichtlichen Daten selbst und die reine Neugier, sie zu erfahren, sondern um ihre Stimmigkeit in einem von vornherein gedachten Zusammenhang. Die Geschichte erleidet hier also letztlich kein anderes Schicksal als in den vernunftrechtlichen Systemen. Und sie teilt dieses Schicksal mit den Daten aus der Neuen Welt. So wird bei Fontenelle die These von der Gleichförmigkeit aller Kulturentwicklung zu einem Vergleich der Kulturen auch im Recht auf den verschiedenen Stufen seiner Entwicklung. Die Lücken der Kenntnisse, die bei den verschiedenen Rechtskulturen bestehen, werden dabei vergleichend aufgefüllt. Noch heute sind wir versucht, Lücken in der Erkenntnis der römischen Frühzeit aus den zeitlich näher liegenden Erkenntnissen zum später entwickelten germanischen Recht oder aus Erkenntnissen, die wir erst in der Neuzeit bei Kolonialvölkern gewonnen haben, zu füllen. Viele Thesen zum kollektiven Eigentum der Römer in der quellenlosen Frühzeit wurden über solche Erwägungen gewonnen. Fontenelle geht dabei sogar bis zu den Mythen der Völker zurück und sieht hinter ihnen sublimierte historische Fakten. Nicht anders arbeitet dann G. Vico. Er hat Grotius gelesen und bezieht ganz selbstverständlich die neu erkannte Welt ein, die ihm der Kolonialismus vorgeführt hat, wenngleich er den Reiseberichten und ihren oft sensationell aufgemachten Fakten skeptisch gegenübersteht. So wie noch heute die römische Rechtsgeschichte in primitive, frühklassische, klassische, nachklassische und klassizistische Perioden eingeteilt wird, hinter denen Aufstieg und Verfall einer Rechtskultur erscheinen sollen, so wie noch heute Entwicklungsstufen vom rigid Formalen zum Formlosen, vom ius strictum (strengen Recht) zur aequitas (Billigkeit) und wieder zurück gesucht und gefunden werden, so wurden in allen Bereichen der Kultur Ablaufschemata gesucht und gefunden. Und es war theoretisch nichts leichter als Lücken in der Entwicklungsgeschichte des einen Volkes über Konjekturen aus Daten anderer Völker zu schließen. Vico, Turgot, A. Smith, Ferguson, Millar sind Autoren dieser Bewegung, die „conjectural history“ genannt wird. Die gefährliche Doppeldeutigkeit solcher Betrachtung zeigt ein einfaches Beispiel: Sexuelle Freizügigkeit der Frau wird einmal als Zeichen ursprünglicher Barbarei gesehen, ein anderes Mal als Zeichen des beginnenden Verfalls einer Hochkultur. Die Idee soll hier nicht weiter verfolgt werden.

Auf dem Weg zur reinen Geschichte war man freilich etwas weitergekommen. Die geschichtlichen Daten interessierten zwar erneut im Zusammenhang dogmatischer Gebäude der Geschichtsphilosophie, als solche aber waren sie jetzt nur verwendbar, wenn sie an sich „wahr“ waren, keine bloßen „Belege“, die „stimmig“ sein konnten, auch wenn sie nur gut erfunden waren. Weit wichtiger aber ist für uns, daß G. Vico – wie Nippel zu Recht vermerkt – seine Belege aus dem römischen Recht bereits entwicklungsgeschichtlich gliedert. Er kennt nicht mehr das eine Römische Recht, sondern römisches Recht im geschichtlichen Wandel. Die römischen Rechtseinrichtungen waren für ihn Teil der Geschichte, nicht geltendes Recht. Von seiner Art der Betrachtung römischen Rechts führte freilich kein Weg zu den zeitgenössischen Juristen des Usus modernus pandectarum. Daher bleiben auch die Vorschläge von Leibniz, die Juristen auch geschichtlich und vergleichend auszubilden, unbeachtet. Die Geschichtsphilosophie blieb allein in der Gesellschaft der Altphilologie und der Althistorie. Die Jurisprudenz hielt sich abseits.

Voraussetzungslos ist die Geschichtsbetrachtung auch bei einer anderen Richtung nicht, die hier betrachtet werden muß, soweit sie sich der alten Geschichte zuwandte, der Soziologie oder Sozialphilosophie. Das kann am Beispiel Montesquieus, De l'esprit des loix (Über den Geist der Gesetze) (1748), gezeigt werden. Das Recht wird von ihm als Produkt der Verhältnisse und des gesellschaftlichen Bewußtseins, also der Ideologie, verstanden. Der Dogmatismus des Vernunftrechts und dessen als naiv erkannte Verwertung geschichtlicher Daten werden verworfen. Doch tritt nur ein anderer Dogmatismus an dessen Stelle. Auch Montesquieu hat nicht eigentlich Interesse an der zum Beleg zitierten Antike und ihren Rechtseinrichtungen, ebensowenig wie an den zitierten Daten aus der Neuzeit. Er will Gesetzmäßigkeiten in der Entwicklung der Rechtskulturen aus dem Realen und dem Bewußtsein entdecken. Nicht die freie Phantasie des Menschen, d.h. sein abstraktes Wollen, schaffe die Verschiedenheiten der Rechtskulturen (Esprit, Vorwort), sondern die Rechtsgeschichte aller Nationen sei die Geschichte unterschiedlicher Gegebenheiten, meint er. Belege dafür gewinnt Montesquieu aus dem gleichen Material wie schon die Naturrechtler und G. Vico. Quellen des alten Griechenlands, des alten Orients und Roms werden ebenso zitiert wie Daten aus Japan, Peru, Polen, Germanien, Schweden, England, Byzanz, Österreich, von den Tartaren usw. Quellenzitate für die Befunde werden nicht oft gegeben. Ein wirklich historisches Interesse beweisen sie nicht. Die Erkenntnis der Strukturierung von Geschichtsverläufen wird speziell für das Recht – andere Autoren unternehmen dasselbe für die Ökonomie, die

Religion und die Sprache – in das Blickfeld gestellt. Dogmatische Thesen stehen im Vordergrund und werden aus dem geschichtlichen Material bewiesen. Nippel nennt auch die Arbeitsweise Montesquieus zu Recht eine konjekturale Geschichtsbetrachtung, weil die vielfältigen Lücken der Kenntnis erneut im Wege des Vergleichs geschlossen werden.

Der jedenfalls vom Römischen Recht des Usus modernus pandectarum wegführende historische Sinn erscheint auch noch in einer anderen Spielart. Thomasius hatte eigentlich schon darauf verzichtet, die geschichtlichen Erscheinungen der Welt in ein rein logisches System einzubauen. Die Sackgasse, in die das Naturrecht damit geraten war, führte einfach nicht weiter. Der Rückweg vom älteren Vernunft- oder Naturrecht ging daher auch nicht über eine anders verstandene Geschichte, sondern über die späte Aufklärung des 18. Jahrhunderts. Der Geist dieser Zeit zeigt sich bei Chr. Wolff, Daniel Nettelbladt, Darjes, Hugo, in den Naturrechtsgesetzbüchern und in den späten Naturrechtslehrbüchern. Das würde uns hier nun auch nicht weiter interessieren. Aber eine Gegenreaktion gegen diese Erscheinungen der späten Aufklärung und gegen den in ihr zutage tretenden landesherrlichen Absolutismus und seine spekulative Fürsorglichkeit benutzt erneut die Geschichte, jetzt als Kampfinstrument. Auch hier geht es um Untersuchungen der empirisch-historischen Bedeutung von rechtlichen Zuständen. Wir begegnen dabei etwa Justus Möser, der in seinen „Patriotischen Phantasien“ die patriotische, enge Landesgeschichte gegen die abstrakte Vernunft stellt. Aber daraus erwächst nicht die Rechtsvergleichung, sondern die vaterländische Geschichte, ganz konkret in Deutschland die Geschichte des Deutschen Rechts.

V. Der idealistische Historismus

Der idealistische Historismus sieht in den geschichtlichen Erscheinungen und deren Unwiederholbarkeit einen in das Unendliche reichenden Schöpfungsplan. Geschichte wird damit zu einer idealistischen Philosophie der Geschichte der Menschheit. Auch die Rechtsgeschichte der gesamten Antike wird hier eingebunden. Die Weltalter verschiedenster Kulturen werden als Stufen einer organischen Entwicklung gesehen, eines geradezu notwendigen Prozesses der Ereignisse. Recht ist bei solcher Betrachtung weder ein bloßes Fabrikat eines historischen Gesetzgebers (Gesetzespositivismus) noch ein außergeschichtliches Konstrukt der Philosophie, der nicht erfahrenen und nicht erfahrbaren menschlichen Natur (Naturrecht). Geschichtliches, auch Rechtsgeschichtliches wird zum Teil einer notwendigen Evolution. Hier zeigen insbesondere Herder und Schelling ihren Einfluß. Bei ihnen wird Geschichte als fortlaufende Verwirklichung einer Idee gesehen, der Idee der Humanität. Individuelle, jeweils für sich betrachtete Völker zeigen in der Wirklichkeit kollektiv unterbewußt ihren Volksgeist, auch im Recht. Hier trifft sich freilich die Bewegung wieder mit der des pragmatischen Historismus, wenn das in der Entwicklung erfahrene Recht eben diesen Volksgeist spiegelt.

Freilich konnte man in der Rechtsgeschichte aus dieser Erkenntnis zwei ganz verschiedene Schlüsse ziehen. Man konnte mit der bald entstehenden „Historischen Rechtsschule" den Weg vom pragmatisch verfremdenden Usus modernus pandectarum zurück zum „reinen" Römischen Recht Justinians oder zum angenommenen heimischen Deutschen Recht einleiten. Damit aber wurde die Rechtsvergleichung, vor allem jene mit der Antike, bewußt ausgeschlossen. Sie blieb bei anderen Richtungen erhalten, die sich den historisch-vergleichenden Blick nicht einschränken lassen wollten.

Herder wird gelegentlich als Vorromantiker bezeichnet. Die Romantik greift jedenfalls die Grundidee seiner Geschichtsphilosophie auf und trägt damit erneut die Vergleichung in die Rechtsgeschichte hinein. Die Idee von der organischen Bildung von Sprache, Dichtung und Recht wird nicht nur in der eigenen Dichtung verfolgt, wiewohl das dem Leser von dort am ehesten bekannt ist, im Volkslied, in der Volksdichtung, über die Gebrüder Grimm im deutschen Märchen, und nochmals über die Gebrüder Grimm im Deutschen Recht. Sie führt auch aus dem eigenen Kulturkreis hinaus: Fremden Mythen, besonders solchen aus dem Orient wird nachgespürt, fremde Dichtung wird übersetzt, fremden Rechtsordnungen wird nachgegangen.

Ein anderer Zug des idealistischen Historismus war der zur Universalgeschichte, der von der soeben genannten Romantik mitbestimmt gewesen sein dürfte. Jede vergleichende Volksgeistlehre mußte wohl in gleicher Zeit verschiedene Stufen derselben Entwicklung bei allen Völkern feststellen und daraus den Geschichtsplan zu erkennen versuchen. Damit war im Bereich des Rechts ein weiterer Anstoß zur Rechtsvergleichung gegeben. Die „Völker" erscheinen auch im Recht als Vollstrecker des angenommenen universalgeschichtlichen Auftrags. So wie sich Märchen, Epen und Volkslieder geradezu selbst dichten und als Emanationen der Völker über alle Welt vergleichen lassen, so entwickelt sich auch das Recht von selbst und lassen sich Rechtsordnungen als Emanationen des Volksgeistes vergleichen. Die heutige Rechtsvergleichung, die sich als Gesetzesvergleichung oder Judikaturvergleichung oder Dogmatikvergleichung versteht, hat damit freilich nichts mehr gemeinsam.

Bachofen, der „Mythologe" der Romantik, schrieb

1861 sein Buch „Mutterrecht", weitab von der Anerkennung durch die Juristen des Usus modernus pandectarum oder der Historischen Rechtsschule. Das Werk blieb unter Juristen unbeachtet. Bachofen leistete hierbei etwas ganz Neues, nämlich den Einsatz sozialwissenschaftlicher Theorien in der rechtlichen Altertumswissenschaft. Er greift dazu griechisches Recht auf. Die historische Rekonstruktion mußte dabei erneut gelegentlich etwas leisten, nämlich bei der sozialwissenschaftlichen Theorienbildung mithelfen. Was für die Aufklärung und für den pragmatischen Historismus gesagt wurde, das galt eigentlich noch immer, auch wenn die Daten jetzt etwas genauer betrachtet werden sollten und vorweg Gewißheit über diese Daten erzielt werden sollte. Ihre Interpretation ist aber immer noch dogmatisch vorbestimmt. Erneut spielt eine Evolutionismusvorstellung eine Rolle.

Ein weiteres, freilich anderes Beispiel dafür bietet die Erforschung der Römischen Frühgeschichte, zunächst in der Person B. G. Niebuhrs. In seiner Römischen Geschichte rekonstruiert Niebuhr die Frühzeit, genau wie nach ihm nochmals Th. Mommsen, nach allgemeinen Zivilisationstheorien, von denen beim pragmatischen Historismus bereits die Rede war. Gerade im Bodenrecht Roms waren beide Autoren in prekärer Situation. Während Niebuhr die damals noch unkritisch betrachteten römischen Quellen bei seinen Theorien im Wege standen, schaffte Mommsen durch die radikale Quellenkritik erst seine Probleme. Die Spekulationen bei Sallust und Vergil über das einfache Leben der Wilden der Frühzeit z.B. können den rechten Blick ebenso trüben wie die radikale Elimination der realen Historie aus den beiden genannten antiken Autoren. B. G. Niebuhr verfährt eigentlich genauso wie Montesquieu.

Th. Mommsen zeigt in seiner Arbeit einen weiteren allgemeinen Grund zur Neugier nach der Antike. Die

Romantik gab den Anstoß zur Sprachwissenschaft. Und diese Sprachwissenschaft etablierte sich zuerst in der Indogermanistik. Es lag also nahe, auch eine rechtliche Indogermanistik zu entwickeln. Gemeinsamkeiten der Indogermanen konnten dann etwa zur Rekonstruktion fehlender Teile in der Geschichte der Einwanderer nach Latium eingesetzt werden. Die konjekturale Geschichte hatte mit der Indogermanistik einfach neues, vielleicht besseres Material bekommen. Wer die Rechtsgeschichte von Kunkel liest, wird bei der Betrachtung der Frühzeit genau diese Methode wiederfinden. Henry Sumner Maine, Ancient Law, legte 1861 eine Theorie der Evolution des Rechts vor, die sich allgemein der Methode der vergleichenden Sprachwissenschaft, speziell der Indogermanistik, bediente. Zu nennen sind hier weiter Fustel de Coulanges, der wie Bachofen ein Gegner B. G. Niebuhrs war. Festzuhalten bleibt, daß sich die verschiedenen Autoren mit verschiedenen Themenkreisen befaßten, was ihre methodische Divergenz erklären mag. Bachofen befaßte sich mit der Gentilverfassung, B. G. Niebuhr mit dem Bodenrecht, Fustel de Coulanges u.a. mit dem Lehenswesen und der Grundherrschaft. Dieses Genre der Literatur mündet geradewegs in die Sicht bei Engels und Marx und in deren Thesen vom Ureigentum.

VI. Die Lehre von den Kulturzusammenhängen

Die neu entdeckte Sprachwissenschaft bot nicht nur – wie gezeigt – einen der Anstöße zur universalgeschichtlichen Betrachtung des Rechts, sondern führte als erste wissenschaftliche Disziplin zur Betrachtung der Rechtsgeschichte um ihrer selbst willen. Sie suchte nämlich abseits aller bisherigen Vergleichung nach wirklichen, nicht nur idealistisch gedachten Kulturzusammenhängen. Das geschichtlich real Verwandte war nun im Recht wie in der Sprache Gegenstand der Forschung; die parallele Entwicklung aus gleicher Wurzel und Entlehnung trat in den Vordergrund. Bislang war nur vom rational Verwandten die Rede, etwa von notwendigen Parallelentwicklungen aus gleichen Situationen der realen Umwelt und des Bewußtseins.

Aus solchem Denken in geschichtlich realen Entwicklungen und Entlehnungen entstanden die Werke von Leist, deren Titel allein schon informativ sind: „Gräko–italische Rechtsgeschichte" (1844), „Altarisches Ius Gentium" (1889), „Altarisches Ius Civile" (1892). Nur Verzerrungen solcher Denkweise bieten z.B. die Arbeiten von D. H. Müller, der das römische Recht der XII-Tafeln (6./5. Jahrhundert v. Chr.) auf den Codex Hammurabi (18. Jahrhundert v. Chr.) zurückführte und im Syrisch-Römischen Rechtsbuch aus dem 5. Jahrhundert n.Chr. altjüdisches Erbrecht fand, während Ludwig Mitteis in eben diesem Rechtsbuch das damals gerade gefundene (altgriechische) Recht von Gortyn entdeckte. Von den genannten Beispielen wird noch zu handeln sein.

VII. Die neue Orientalistik

Ende des 13. Jahrhunderts waren die Kreuzzüge nach dem Vorderen Orient erfolglos zu Ende gegangen. Alle noch bestehenden Träume von der Befreiung Jerusalems zerschlugen sich, als 1535 Franz I von Frankreich in einem Vertrag mit Sultan Suleiman dem Prächtigen allen derartigen Absichten eine Absage erteilte. Byzanz lebte endgültig im religiösen Ghetto, und die Christen des Vorderen Orients, wie schon vor den Kreuzzügen, im Schutz von Toleranzklauseln der islamischen Staatsordnung.

Schon im 13./14. Jahrhundert hatte jedoch Raimundus Lullus für eine christliche Mission unter Juden und

Moslems gekämpft und 1316 sein Leben dafür gelassen. Seine Idee orientalischer Missionskollegs wurde nun, im 16. Jahrhundert, etwas verändert, wieder aufgegriffen. Die Orientmission sollte bei den „schismatischen" oder „häretischen" Christen ansetzen. Das erste Ziel dieser Mission waren die Maroniten, bei denen Häresie oder Rechtgläubigkeit noch in Frage standen. Eigene Missionskollegs in Rom wirkten seit dem Ende des 16. Jahrhunderts für die rechtgläubige Ausbildung eines neuen maronitischen Klerus. Junge maronitische Orientalen wurden ausgesucht und zur Ausbildung nach Rom gebracht. Viele der in Rom ausgebildeten Kleriker zog es am Ende ihrer Ausbildung jedoch nicht in ihre Heimat zurück, sondern nach Frankreich, Spanien, Österreich-Ungarn und in die Staaten Italiens. Am bekanntesten unter ihnen sind die Gebrüder Assemani. Sie bestärkten im Westen als Kenner des Arabischen und des Syrischen die abendländische Semitistik. Da zu den bevorzugt studierten Werken der christlichen Literatur des Vorderen Orients in Syrisch und Arabisch umfangreiche Rechtswerke gehörten, war damit auch der Grundstein für eine Disziplin gelegt, die heute als „Orientalische Kanonistik" oder „Ostkirchenrecht" bekannt ist.

VIII. Kolonialismus und Ethnologie (Völkerkunde)

Über den Ausdruck „Ethnologie" kann man ewig streiten. „Völkerkunde" ist wohl wenig treffend; „Rechtskunde" ist ja auch noch keine Jurisprudenz. Oft wird Ethnologie als Kulturanthropologie verstanden oder im englischen Raum als Social anthropology oder als Ethnographie – wobei man auch an Geographie und Klimakunde zu denken hat – oder im französischen Raum als Rassenkunde usw.

Die Rechtsethnologie erscheint dabei von allem Anfang an – schon bei dem antiken Reiseschriftsteller Herodot – als vergleichende Wissenschaft. Nicht anders ist es dann bei den Vertretern des Naturrechts und beim pragmatischen oder idealistischen Historismus.

Unverkennbar hat dann die Ethnologie, als sie sich im 19. Jahrhundert als selbständige Wissenschaft etablierte, im besonderen die Rechtsethnologie, einen neuen wissenschaftlichen Anstoß auch zur vergleichenden Geschichtsbetrachtung im Recht geboten. Hier sind Bastian, Der Völkergedanke (1881) zu nennen, der die Volksgeistlehre Herders wieder aufgreift, ebenso Post, Grundlagen des Rechts (1884) und Ethnologische Jurisprudenz (1894), ebenso Kohler, Urgeschichte der Ehe (1897) und die Autoren der Beiträge in der Zeitschrift für vergleichende Rechtswissenschaft. Dabei ist der Wandel in der Verwertung antiker exempla nach den Titeln in den ersten 20 Bänden dieser Zeitschrift leicht zu erkennen; die Wissenschaft wird sich der Unsicherheit der geschichtlichen Vergleichsdaten mehr und mehr bewußt und läßt sie fortschreitend außer Acht.

Ein spätes Ergebnis dieser Art vergleichender Geschichtsbetrachtung ist die „Allgemeine Rechtsgeschichte“ von Kohler und Wenger. „Wie die Sprache, so die Religion, und wie die Religion, so das Recht“, meint Kohler. Die „Grundzüge der Entwicklung“ („Leitmotive“) sieht er bei allen Völkern gleich, und er verfolgt sie in Themen wie „Totemismus“, „Gruppenehe“, „Ahnenkult“, „Tempelmädchen“, „Raubehe“, „Mutterrecht“ und vielen anderen mehr. Die Antike Rechtsgeschichte des 20. Jahrhunderts konnte hier nahtlos anschließen.

IX. Die wissenschaftliche Archäologie

Die Archäologie, als Erforschung der Antike außerhalb der Sprachwissenschaft, hat wohl den bedeutendsten

Anteil an der Entwicklung einer Rechtsgeschichte gehabt, die über die Grenzen des römischen Rechts hinaustrat. Nicht, daß sie nicht auch für die Geschichte Roms ihren Beitrag geleistet hätte. In der Orientalistik hat sie jedoch Urkunden als Forschungsgegenstände und mit ihnen neue Rechtskulturen ans Licht gehoben, die bislang nur dürftig aus biblischen Berichten erahnt werden konnten. Es soll hier nicht das „Abenteuer Archäologie" nacherzählt werden. Wissenswert ist in unserem Zusammenhang, daß die Liebhaberarchäologen des 18. und 19. Jahrhunderts – oft Diplomaten und reiche Nobiles – vornehmlich an Schätzen, spektakulären Denkmälern und Kunstobjekten interessiert waren. Die Archäologie der Urkunden von rechtlicher Aussagekraft kam erst lange danach. In Ägypten folgte so auf den Schatzsucher Giovanni Belzoni (Anfang des 19. Jahrhunderts) Auguste Mariette als Begründer der seriösen Ägyptologie (Direktor des Museums in Kairo seit 1858). Im Orient folgten auf den Abenteurer Austen Layard der Stubengelehrte George Smith, der Ausgräber Woolley, der Gesetzes-Entdecker Kramer. Bald war soviel Material an Rechtsurkunden vorhanden, daß die rechtsgeschichtlich interessierten Orientalisten mit der Deutung stets hinter den Neufunden zurücklagen. Noch heute kann man das ohne Übertreibung behaupten.

X. Die juristische Gräzistik (Griechenlandkunde)

Die griechischen Philosophen, besonders Plato und Aristoteles, waren in ihren rechts- und staatsphilosophischen Abhandlungen Gegenstand für die Vertreter des Humanismus und des Naturrechts, später für die verschiedenen geschichtsphilosophischen Strömungen, noch später für Philologen und Althistoriker. In der

Ausbildung der Juristen kamen sie nicht vor. Dasselbe galt für den Gegenstand der griechischen Gerichtsreden, etwa des Demosthenes, und die daraus gewonnenen Einsichten in griechisches Recht. Griechenland rückte aber mit dem griechischen Freiheitskampf näher an die gebildete „Welt“ des Westens. Das Interesse am Griechischen war wieder angefacht und beherrschte die erste Hälfte des 19. Jahrhunderts. So ist es wohl zu erklären, daß in eben dieser Zeit bedeutsame Publikationen erschienen, die am Anfang einer seriösen juristischen Gräzistik stehen. M. H. Hudtwalker schrieb zum attischen Prozeß; ebenso M. A. E. Meyer und G. T. Schümann (beide Philologen) in einer Preisschrift der Preußischen Akademie. Boeck befaßte sich mit dem Staatshaushalt der Athener. A.W. Heffter widmete sich erneut dem Prozeßverfahren Athens, ebenfalls veranlaßt durch das Preisausschreiben der genannten Akademie. Auch E. Platner schrieb über den attischen Prozeß. Danach war das Feld freilich für ein halbes Jahrhundert wieder allein den Philologen überlassen. Am Ende steht gerade noch die bis heute nicht ersetzte Gesamtdarstellung „Das Attische Recht und Rechtsverfahren“ von J. H. Lipsius (1905–1915).

Auch hier ist es die Archäologie, die einen Umbruch einleitet und die Rechtshistoriker wieder auf den Plan ruft. Die Inschrift von Gortyn mußte ebenso den Juristen herausfordern wie die zahllosen, im Sand Ägyptens gefundenen, griechisch geschriebenen Papyrusurkunden.

XI. Leopold Wengers „Antike Rechtsgeschichte“

Um die Jahrhunderwende waren den Rechtshistorikern, die gerade endgültig das römische Recht als geschichtliches Phänomen entdeckt hatten, die neuen archäologischen Funde Anlaß zur Hoffnung, noch andere, der römischen gleichwertige Rechtskulturen des Mittelmeerraumes zu entdecken. Dabei war damals das neue Quellenmaterial gemessen am heutigen Stand der Forschung noch ausgesprochen dürftig. In diese Zeit fällt das Programm Leopold Wengers, eine Antike Rechtsgeschichte als eine Universalgeschichte der Rechtskultur des antiken Mittelmeerraumes zu schreiben. Man kann die Skepsis des strengen Romanisten – verkörpert in der herben Kritik von Ludwig Mitteis – verstehen, der von einer so wenig klaren Erweiterung des Forschungsbereichs in eine Antike Welt, die mit der seinen nicht mehr die zeitlichen und räumlichen Grenzen gemein hatte, nichts wissen wollte. Zudem war unter Historikern gerade der Streit um die Einheit des Altertums, die Einheit des Mittelmeerraumes und die zeitliche Abgrenzung der Antike in vollem Gange. Vielen Historikern schwebte eine einheitliche Kulturgeschichte des Mittelmeerraumes vor (Th. Mommsen, W. Otto, Ed. Meyer). Die moderne Kritik daran hatte es nicht schwer. Hatten doch alle Anwohner des Mittelmeeres Anregungen von außen empfangen und nach außen abgegeben, ohne daß eine Begrenzung dieser Außenwelt möglich wäre. Und alle Versuche, die Antike vom Mittelalter zeitlich abzugrenzen, erwiesen sich im Bereich der Rechtstraditionen Roms im Westen und in Byzanz als prekär. Und im Orient war die Annahme, der Siegeszug des Islam habe die Antike beendet, angesichts der heute zu den Rechtsquellen hervortretenden Fortsetzung des alten Rechtsformenkanons vorschnell.

Wenger hat sich zeitlebens verteidigend, klärend, erweiternd und einschränkend um dieses sein Programm bemüht. Das Buch „Der heutige Stand der römischen Rechtswissenschaft“, hervorgegangen aus einer neuerlichen Wiener Antrittsvorlesung des Jahres 1926, ein ausführliches Kapitel in seinen „Quellen des römischen Rechts“, eine große Zahl von Vorträgen und Aufsätzen und nicht zuletzt die Literaturübersichten von seiner Hand im „Archiv für Papyrusforschung“ tun uns das kund. Über die bekannten programmatischen Gefolgschafts- oder Gegenerklärungen hinaus – akademische Antrittsreden über Universalgeschichte sind seit Schiller beliebt – enthielt damals fast jede Untersuchung, die über das römische Recht vergleichend hinausging, ein Bekenntnis für oder gegen Wenger.

Mit dem Wort „Universalgeschichte“ mußte Wenger, wie wir aus den Diskussionen der vier vorhergehenden Jahrhunderte ahnen, ebenso viele Kritiker auf den Plan rufen wie mit der Idee, die Antike zeige im Mittelmeerraum eine Rechtsgeschichte, die als Einheit gesehen werden könne. Dabei wurde nun um die Jahrhundertwende fast mit jedem Fund der Raum, in dem sich diese Einheit abgespielt haben sollte, auch noch erweitert.

Was blieb von der Antiken Rechtsgeschichte nach allen Präzisierungen, Verteidigungen und Einschränkungen? Wenger wollte die Rechtsordnungen, denen er in seinem Programm begegnete, auf Einflußnahmen untersuchen. Und doch scheute er davor zurück, solche Einflüsse zu behaupten. Die Idee, es gebe eine Art antikes Mittelmeerrecht (diritto mediterraneo), wie E. Carusi meinte, lag ihm fern. Kohler, mit dem zusammen Wenger noch 1914 einen Band „Allgemeine Rechtsgeschichte“ geschrieben hatte, wollte universale Rechtsethnologie betreiben, um universale Leitmotive rechtlicher Einrichtungen zu erfahren. Wenger gab in seinem Beitrag die geschichtlichen Daten dazu aus griechischem und römischem Recht, mehr nicht. Wenger wollte gar nicht universalhistorisch werten, „das Recht“ in „den Rechten“ erkennen. Die Indogermanistik hatte die gemeinsame Herkunft von Völkern zum Ursprung gemeinsamer

Ableitungen gemacht. Wenger lehnte noch 1929 die Problemstellung nicht ab, fand aber zuviel dilettantischen Übereifer bei den Antworten. Als er sich der Fragestellung später stärker näherte, war er noch skeptischer, daß sich je Antworten eröffneten. Auch die soziologisch fundierte Lehre von der notwendigen Parallelbildung bei gleicher kulturell-ökonomischer Grundlage wollte Wenger in seinen Gesamtplan nicht einbeziehen. Auch hier wird Universalgeschichte betrieben. Für Wenger bleibt die Betrachtung dennoch stets fremd; er erwähnt sie öfters als eine theoretisch mögliche Lösung, läßt ihr aber keinen Raum, solange er nicht sicher war, auf seinem eigenen Wege universalgeschichtlicher Betrachtung zu Ende geforscht zu haben.

Was blieb also von der Idee? Am Ende eine von Rom vollzogenen Synthese höchst vergeistigter Einflüsse? Das wäre zu wenig an Einheit.

XII. Das vorliegende Programm

Der Ausdruck „Antike Rechtsgeschichte“ mag mit allen geäußerten Vorbehalten als ein loses Band für unser Interesse an der Rechtsgeschichte der Völker des Mittelmeerraumes dienen. Keine einheitliche Idee steht dahinter, lediglich eine Tradition rechtshistorischer Forschung. Mit der Darstellung verbindet sich kein neuer Versuch, eine „Einheit des Altertums“ zu fassen oder wenigstens eine einheitliche Geschichte der Rechtskulturen bei den Anwohnern des Mittelmeerraumes zu erfahren. Es gibt keinen durch irgendeine Idee verbundenen Raum. Alle bisherigen Versuche erscheinen besonders dem Rechtshistoriker willkürlich. Alle Teilräume, die hier in Betracht gezogen werden können, haben ihre Wirkung nach außen gehabt, alle haben Einflüsse von außen erlebt. Die ältesten Rechtskulturen Mesopotamiens sind sicher nicht zum Mittelmeer orientiert und doch erscheinen sie notwendig als Quellen im Umfeld des Alten Testaments und damit des jüdischen Rechts. Oder: Die Rechtsquellen der christlichen Kirchen des Orients, die ihren Ursprung im Raum Antiocheia haben, wandern z.B. letztlich nach Persien, Georgien und Äthiopien; persische Quellen gelangen umgekehrt zu den Kirchen Mesopotamiens. Was also methodisch bleibt, sind ständige Assoziationen, die irgendwo am Rande etwas gewaltsam abgebrochen werden. Die zeitlichen Grenzen sind nicht weniger prekär. Zwar beginnen wir überall so früh, wie es die Quellen erlauben. Eine Grenzscheide zwischen Altertum und Mittelalter können wir freilich auch im Recht nicht finden; der Faden wird von den Forschern einfach abgeschnitten. Eine endgültige Trennung West- und Ostroms gibt es wegen des nach vielen Seiten offenen Nachwirkens römischen Rechts im Westen nicht. In Ostrom wieder gibt es keinen Einschnitt zwischen Ostrom und Byzanz, allenfalls der Fall Konstantinopels 1453 n.Chr. bleibt als Ende. Im Orient wird der Islam als Zerstörer einer angenommenen Einheit angesehen; auf diese zeitliche Grenze aber kann sich weder eine insoweit unerforschte Orientalistik einlassen noch die orientalische Kirchenrechtsgeschichte, aus der uns Verzahnungen christlicher und islamischer Rechtsliteratur bekannt sind. Jede der Rechtskulturen hat ihr eigenes letztlich zur Gegenwart offenes Ende.

Wir folgen in der Darstellung von Etrurien und Rom ausgehend Rom nach Westen, Osten und Nordafrika. Im Osten ist es dann wieder Griechenland, das uns assoziativ weiterführt, nach Kleinasien, Palästina, Syrien, Mesopotamien und Ägypten, aber auch zurück in die Küstengebiete des westlichen Mittelmeeres und nach Sizilien und Unteritalien. Jede der behandelten Rechtskulturen hat ihr eigenes offenes Ende. Kein anderes Interesse soll uns leiten, als die Forschung und ihre Funde zu verfolgen und diese Funde zunächst in dem engsten Kreis realer – nicht etwa kulturhistorischer – örtlicher und literarischer Beziehung zu interpretieren. Die Entdeckungen der letzten 50 Jahre sind auch in solcher Begrenzung Aufgabe genug. Demjenigen, der die jeweiligen Gebiete nicht gerade als Spezialist überblickt, wird ein immenses neues Material vorgeführt. Und denjenigen, der jetzt mit den vorgeführten geschichtsphilosophischen Erwägungen an die Quellen herantreten wollte, müßte man noch immer vor vorschneller Bewertung warnen. Das Ziel der vorliegenden Darstellung sind solche Erwägungen nicht.

Weiterführende Hinweise zum Textteil B

Zu II:

Die Literatur zum juristischen Humanismus ist überreich. Wer sich für die Grundlagen im Fortleben des römischen Rechts seit dem 12. Jahrhundert interessiert, wird sich mit Hilfe der folgenden Angaben orientieren können.

Zur Verwertung der justinianischen Sammlung seit dem Mittelalter vgl. Peter Weimar, in: Handbuch der Quellen und Literatur der neueren europäischen Privatrechtsgeschichte, hrsg. von Helmut Coing, Band 1, 1973, 129 ff.; Gerhard Otte, in: Die Renaissance der Wissenschaften im 12. Jahrhundert, hrsg. von P. Weimar, 1981, 123 ff.; Guido Kisch, Erasmus und die Jurisprudenz seiner Zeit, 1960; derselbe, Studien zur humanistischen Jurisprudenz, 1972; Carlo Augusto Cannata, Lineamenti di storia della giurisprudenza, Europa, 1971; Olivia F. Robinson/T. D. Fergus/William M. Gordon, An Introduction to European legal history, 1985.

Gute Beispiele für die Erweiterung des Horizonts auf andere antike Rechte sind François Hotman (1524–1590); er schrieb z.B. De legibus duodecim tabularum commentatio, 1560. Weitere Werke bei Vincenzo Piano-Mortari, L'humanisme juridique à Genève des origines jusqu'à Jacques Godefroy, in: Jacques Godefroy (1587–1652) et l'Humanisme juridique à Genève, Actes du colloque Jacques Godefroy, hrsg. von Bruno Schmidlin/Alfred Dufour, 1991, 27 ff., 33. Ennemond de Bonnefoy schrieb z.B. Iuris orientalis libri tres, 1573, eine Darstellung byzantinischen Rechts. Von Jacobus Gothofredus (1587–1652) gibt es im dritten seiner „Trois discours politiques" eine Abhandlung über den achaiischen Bund.

Zu III:

Zu Hugo Grotius vgl. Günter Hoffmann-Loerzer, Grotius, in: Klassiker des politischen Denkens, hrsg. von Hans Maier u.a., Band I, 1969, 293 ff. Zum Vernunftrecht allgemein vgl. Franz Wieacker, Privatrechtsgeschichte der Neuzeit unter besonderer Berücksichtigung der deutschen Entwicklung, 2. Auflage 1967, § 16. Informativ zur Verwendung neuzeitlicher neben antiken exempla: Wilfried Nippel, Griechen, Barbaren und „Wilde". Alte Geschichte und Sozialanthropologie, 1990.

Zu IV:

Zu Giambattista Vico vgl. Peter Burke, Vico: Philosoph, Historiker, Denker einer neuen Wissenschaft, englisches Original 1985, deutsche Übersetzung 1987. Zu Gottfried Wilhelm Leibniz vgl. Gustav Hartmann, Leibniz als Jurist und Rechtsphilosoph, 1892, Nachdruck 1974. Zu Bernard le Bouvoir de Fontenelle, De l'origine des fables, 1724, vgl. Wilfried Nippel, a.a.O. 58. Zu Charles-Louis de Secondat, Baron de Montesquieu, Vom Geist der Gesetze, vgl. die deutsche Übersetzung von Ernst Forsthoff, 2 Bände, 1951, und jene von Kurt Weigand, 1965. Zum späten Naturrecht vgl. Franz Wieacker, a.a.O. §§ 18 und 19.

Zu V:

Vgl. Hans Thieme, Die Zeit des späten Naturrechts, in: SZ germ. Abt. 56 (1936) 202 ff. Die Universalgeschichte war geradezu die Folge, wenn man Geschichtsphilosophie als säkularisierte Geschichtstheologie betrieb, so Karl Löwith, Weltgeschichte und Heilsgeschehen, 5. Auflage 1967. Dagegen wendet sich Franz Hampl, Geschichte als kritische Wissenschaft, Band I, 1975, 73 ff.; derselbe, Neuere deutsche Geschichtsdenker in kritischer Sicht und Universalhistorische Betrachtungsweise als Problem und Aufgabe, Band I, 132 ff.

Zu VI:

Eher abzulehnende Versuche finden sich bei David Heinrich Müller, Über die Gesetze Hammurabis, 1903; derselbe, Das Syrisch-Römische Rechtsbuch und Hammurabi, 1905; Ludwig Mitteis, Reichsrecht und Volksrecht in den östlichen Provinzen des römischen Kaiserreichs, 1891, Nachdruck 1984. Die Beispiele mögen hier genügen. Die Bewegung ist heute überwunden.

Zu VII:

Zur Geschichte der Orientalistik als Semitistik vgl. Johannes Fück, Die arabischen Studien in Europa, 1955, und Nasser Gemayel, Les échanges culturels entre les Maronites et l'Europe, 2 Bände, 1984. Vgl. auch unten das Kapitel Oriens Christianus C IX! Allgemeiner für die Orientalistik: Gustave

Dugat, Histoire des Orientalistes de l'Europe du XIIe siècle au XIXe siècle, 2 Bände, 1868-1870; Enno Littmann, Der deutsche Beitrag zur Wissenschaft vom Vorderen Orient, 1942.

Zu VIII:
Am anschaulichsten ist diese Art der vergleichenden Betrachtung bei Josef Kohler, in: Josef Kohler/Leopold Wenger, Allgemeine Rechtsgeschichte, Band I: Orientalisches Recht und Recht der Griechen und Römer, 1914. J. Kohler, a.a.O. 48, nennt die Arbeitsweise bis in das 19. Jahrhundert hinein „Dilettantismus", so vor allem bei Grotius. Zu Adolf Bastian: A. Bastian, Der Mensch in der Geschichte, 1860; Ettore Ciccotti, Introduzione alla storia generale del diritto, 1886; Rodolphe Dareste, Etudes d'Histoire du Droit, 1908, Einleitung; Levin Goldschmidt, Universalgeschichte des Handelsrechts, Band I, 1864.

Zu IX:
Auf das „Abenteuer Archäologie" weist der deutsche Titel eines Buches von Leo Deuel, The treasures of time. Firsthand accounts by famous archeologists of their work in the Near East, 1961; deutsch in 5. Auflage 1977.

Zu X:
Die Anfänge der juristischen Gräzistik beschreibt Gerhard Thür, Juristische Gräzistik im frühen 19. Jahhrundert, in: Festschrift für Sten Gagnér, hrsg. von Michael Stolleis, 1991, 521 ff.

Zu XI:
Einen guten Überblick über die Versuche, die Einheit des Altertums zu fassen (Th. Mommsen, W. Otto, Ed. Meyer, J. Vogt, L. Ranke, J. Burckhardt), geben Franz Hampel, a.a.O. Band II, 282 ff., und Wilfried Nippel, in: Eduard Meyer, Leben und Leistung eines Universalhistorikers, Supplements to Mnemosyne (Hrsg. William M. Calder/Alexander Demandt) 1990, 311 ff. Zur Polemik zwischen Ludwig Mitteis

und Leopold Wenger: Evelyn Höbenreich, Mitteis contra Wenger, in: SZ 109 (1992) 547 ff.

C. Die einzelnen Rechtsgebiete im Mittelmeerraum

I. Vorbemerkungen zur Abgrenzbarkeit

Der Leser wird im folgenden sehr bald feststellen, daß die für die einzelnen Rechtsgebiete gewählten Überschriften und damit die Abgrenzungen der Rechtsgebiete voneinander nur ungefähr richtig gewählt werden können. Das folgt aus der Natur der Sache. Die Schwierigkeit kann vielleicht am Beispiel Ägyptens am besten dargestellt werden. Zunächst erscheint es ganz unbedenklich, eine Überschrift „Ägyptische Rechtsgeschichte" zu wählen, denn Ägypten als Raum ist einigermaßen sicher abzugrenzen. Aber schon die ältere ägyptische Rechtsgeschichte zeigt uns, daß wir von der Rechtstradition aus bestimmte Erscheinungen auf dem Boden Ägyptens ausnehmen und einer „anderen Rechtsgeschichte" zuordnen müßten. Dennoch bleiben auch diese Erscheinungen Teil der ägyptischen Rechtsgeschichte. So wurden z.B. auf der Nilinsel Elephantine in größerer Zahl aramäisch geschriebene Rechtsurkunden gefunden, die zu einer jüdischen Garnison gehörten. Diese Rechtsurkunden passen inhaltlich sicher eher in die jüdische als in die ägyptische Rechtsgeschichte. Oder: Spätestens als Alexander der Große nach Ägypten gelangte, wurde die ägyptische Rechtsgeschichte auch zur griechisch-hellenistischen Rechtsgeschichte. Erneut sind wir vor die Frage gestellt, wo wir die räumlich nicht einmal in Ansätzen abgrenzbaren Erscheinungen einer hellenistischen Rechtsgeschichte einordnen. Es liegt nahe, sie doppelt einzuordnen. Noch einmal stellt sich diese Frage: Als die römische Eroberung Ägyptens eine neue Rechtskultur neben die heimisch-ägyptische und die hellenistische stellt, erscheint das Römische Recht im Bild. Das römische Recht in Ägypten ist sicher Teil der römischen Rechtsgeschichte. Gleichzeitig ist es jedoch auch Teil der ägyptischen Rechtsgeschichte. Mit der Christianisierung Ägyptens stellt sich die Frage erneut. Eine reiche kirchliche Rechtsliteratur hinterläßt ihre Spuren in der koptischen Kirche Ägyptens. Üblicherweise werden sie trotz ihres teilweise weltlichen Charakters unter dem Stichwort „Orientalisches Kirchenrecht" behandelt. Und doch gehören sie auch zur ägyptischen Rechtsgeschichte. Daß dieses kirchliche Recht in seinem säkularen Bereich auch byzantinische und islamische Rechtsquellen heranzieht, macht es noch schwieriger, die Erscheinungen in Überschriften einzuordnen.

Das mit Ägypten gegebene Beispiel steht nicht allein. Wir werden allenthalben auf die gleichen Schwierigkeiten stoßen. Vielleicht sind es gerade diese Schwierigkeiten im Übergreifen der verschiedenen „Rechtsgeschichten", die das lose Band zur Verbindung aller dieser „Rechtsgeschichten" zu einer Antiken Rechtsgeschichte bilden.

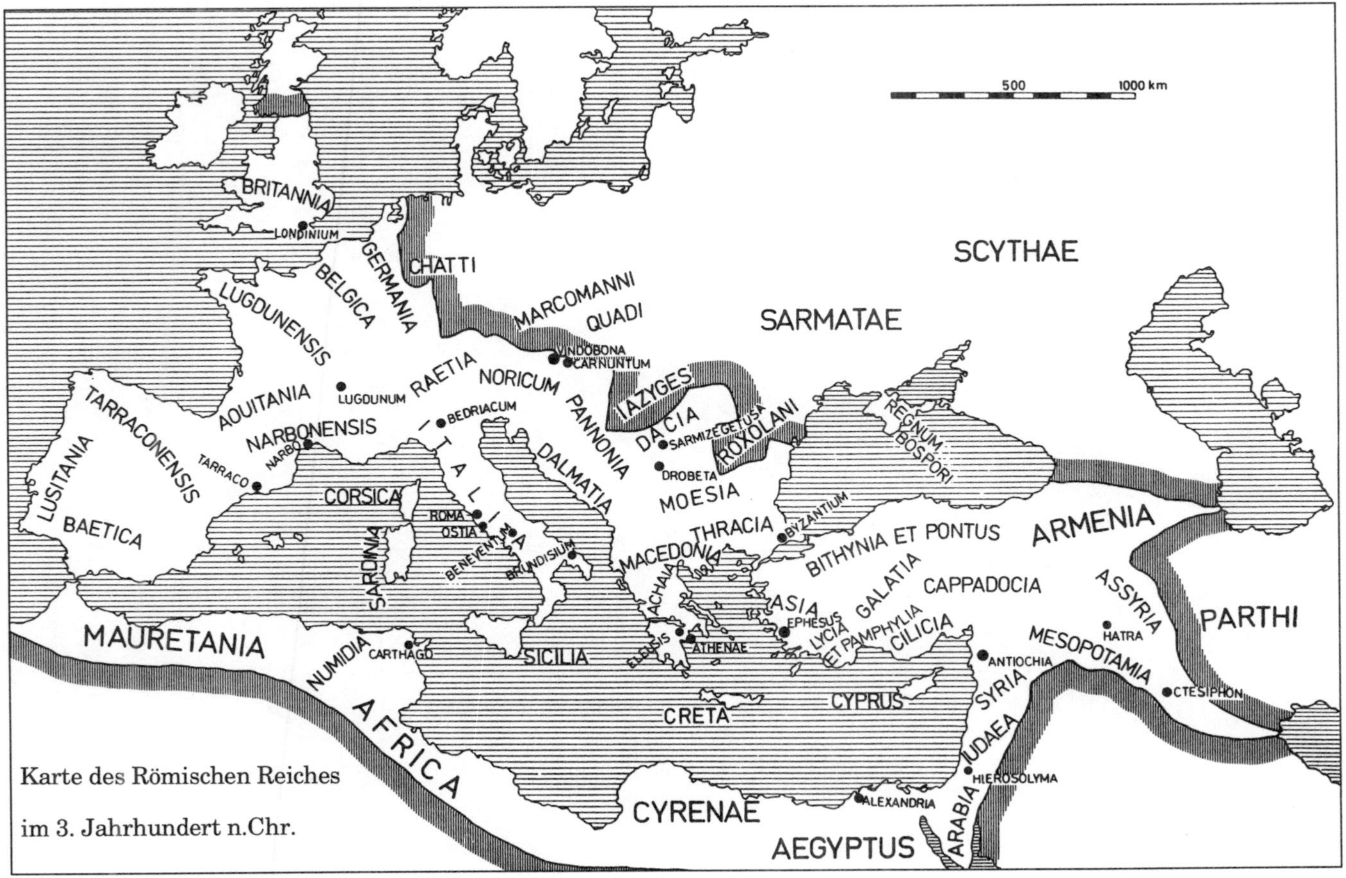

Karte des Römischen Reiches

im 3. Jahrhundert n.Chr.

II. Römisches Recht

1. Römisches Recht im 20. Jahrhundert

Römisches Recht ist im Abendland seit nahezu 1000 Jahren Gegenstand wissenschaftlicher Forschung. Bis vor etwa 100 Jahren war dabei vorwiegend eine unhistorische, praktische, auf Rechtsanwendung gerichtete Methode am Werk. Und der Blick richtete sich vorwiegend auf das römische Privatrecht der oströmischen (byzantinischen) Sammlung Kaiser Justinians aus dem 6. Jahrhundert n.Chr. Das in den europäischen Rechtsschulen seit dem 11. Jahrhundert aus der justinianischen Sammlung entwickelte Rechtssystem war am Ende in seiner Geschlossenheit so eindrucksvoll, daß die Lehrbücher der Pandekten – so der moderne Name des Hauptteiles der Sammlung Justinians – um 1900 ohne weiteres in die Lehrbücher zur neuen Kodifikation des deutschen BGB überführt werden konnten und das System der Pandekten noch lange Zeit in der Ausbildung der jungen Juristen eingesetzt wurde. Die Auslegung der justinianischen Quellen hatte darüber hinaus zu den ewigen privatrechtlichen Themen wie z.B. „Person", „Familie", „Besitz", „Eigentum", „Kauf", „Miete", „Delikt", „ungerechtfertigte Bereicherung" und „Erbschaft" den Kreis der möglichen Deutungen der römischen Quellen so umfassend abgesteckt, daß auch die neuen, geschichtlichen Methoden der Forschung ohne gewaltsamen Bruch auf der bisherigen exegetischen (auslegenden) Arbeit aufbauen konnten.

Der Vorsprung des Privatrechts war dabei recht deutlich. Doch hatten Althistoriker und Rechtshistoriker schon im 19. Jahrhundert begonnen, auch den äußeren Rahmen jener historischen Rechtsentwicklung zu zeichnen, die von der Zeit der Etruskerkönige letztlich zum justinianischen Recht führte. Sie fragten nach der „Entwicklung der Herrschaftsformen“ über 1000 Jahre, der „Entstehung des Rechts“ im Wandel der gesellschaftlichen Verhältnisse, der „Bedeutung der römischen Jurisprudenz“ im Gesamtgefüge der Rechtsentstehung, den „Einflüssen gesellschaftlicher Umwälzungen“ auf das Recht, der „Schaffung eines Beamtenapparats“ im neuen Staat seit Augustus, der „Reichsgliederung in der Expansion“, dem „Eindringen christlicher Ideen in das Recht“ und der „Entwicklung einer Rechtsliteratur und deren Verfall“. Die denselben Themen gewidmete Forschung des 20. Jahrhunderts konnte darauf aufbauen; heute hat sie – sieht man von einigen kleineren Themenkreisen ab, wie z.B. dem römischen Strafrecht, – den gleichen hohen Stand der Forschung wie zum Privatrecht erreicht.

Für die inhaltlichen Ergebnisse der Erforschung des Römischen Rechts kann daher ohne weiteres auf vorzügliche große Gesamtdarstellungen in zahlreichen Sprachen verwiesen werden. In der vorliegenden Darstellung soll nur die aktuelle Forschung aufgezeigt werden. Das ist ohnehin genau das Verfahren, das bei allen anderen Rechtsordnungen des antiken Mittelmeerraumes angebracht ist. Denn dort gibt es allenfalls verfrühte Versuche zu ähnlichen Gesamtdarstellungen der Institutionen wie zum römischen Recht. Häufig ist außerhalb des römischen Rechts die Erforschung noch nicht einmal zur Ordnung der gefundenen Quellen gediehen.

Für das Römische Recht soll das eine Beschränkung auf folgende Gesichtspunkte bedeuten: Die Betrachtung als historisches Phänomen macht gewissermaßen Fortschritte, sodaß es letzten Endes das eine einzige Römische Recht gar nicht mehr gibt. Zeitliche Auflösung und Entwicklung sind hier das Thema. Die Methode, die Quellen zu lesen, verändert sich darin, daß nun nicht nur der Textsinn, sondern auch der geschichtlich faßbare Autor der Äußerung, seine Herkunft und Bildung, sein Darstellungs- und Denkstil gesucht werden. Weiter gibt es auch in einem so etablierten Fach wie dem römischen Recht noch neue Quellen, die das bisher gewonnene Gesamtbild verändern. Und schließlich werden nicht mehr allein die Gesetze, Edikte der Magistrate, Beschlüsse des Senats und kaiserlichen Rechtsakte als solche betrachtet, sondern die politischen Kräfte gesucht, die dahinter wirksam wurden.

Eine Darstellung des römischen Rechts kann sich sonst damit zufrieden geben, auf das Reichszentrum zu blicken. Eine Darstellung, die an den Grenzen Überschneidungen erwartet, wird sich den Grenzgebieten stärker widmen müssen. Nun wissen wir nicht viel von den heimischen Rechten im Westen des römischen Reiches, in Spanien, Gallien, Britannien, Germanien, Noricum, Afrika und im Balkanraum. Die heimischen Rechtskulturen sind dort untergegangen, ohne viele Spuren zu hinterlassen. Anders ist das im Osten des Reiches. Die Begegnung Roms mit Griechenland, Ägypten und den Kulturen des Vorderen Orients zeigt folgerichtig ihre Spuren auch in der römischen Rechtsgeschichte. Somit soll diesem Raum schon von Rom aus ein besonderes Augenmerk gelten.

2. Die zeitliche Auflösung des Rechts

Als geltendes, praktischen Bedürfnissen dienendes Recht hatte das Römische Recht in seinen Texten bis zum Jahr 1900 keine zeitliche Dimension. Aus einer Entwicklung über 1000 Jahre war die Momentaufnahme des Standes in der justinianischen Sammlung zu Beginn des 6. Jahrhunderts n.Chr. von Interesse, sonst nichts. Diese Sammlung – eher durch einen Zufall in der letzten justinianischen Bastion im Westen, im Exarchat Ravenna, erhalten geblieben – war das allein interessante Römische Recht.

Sobald sich nun der Blick des Historikers über diese Momentaufnahme hinaus erweiterte, wurden zunächst einmal die Teile eben dieser Sammlung als eigenständige Elemente sichtbar. Im Codex Justiniani werden es die einzelnen aufgenommenen kaiserlichen Verfügungen, die vom 3. Jahrhundert n.Chr. zum 6. Jahrhundert reichen, in den Digesta die neu zusammenkomponierten einzelnen Ausschnitte aus der klassischen juristischen Literatur aus mehr als zwei Jahrhunderten, und in den Institutiones, einem einführenden Grundriß, das Vorlagewerk des Juristen Gaius aus der Mitte des 2. Jahrhunderts n.Chr. Bereits damit hatte sich eine Welt eröffnet, in der es insgesamt über 6 Jahrhunderte Entwicklung des Rechts zu sehen gab. Selbstverständlich war man nun darin frei, auch alle auf andere Weise als über Justinian überlieferten Rechtsquellen in die Betrachtung einzubeziehen. Und vor allem fiel jede Beschränkung, auch andere Texte als Rechtserkenntnisquellen zu sehen. Der Gerichtsredner, Staatsphilosoph und Briefautor Cicero, Poeten wie Ovid, Stückeschreiber wie Plautus und Terenz, Historiker wie Tacitus und Sallust, Politiker wie Plinius der Jüngere, Lexikonverfasser wie Festus, Autoren zu Ackerbau und Feldvermessung und Kirchenväter wie jüngst erst wieder Augustinus wurden als Quellen der Rechtserkenntnis gesehen. Schriftliche wie nichtschriftliche Zeugnisse aus der Archäologie kamen nun in Betracht, besonders wenn es um die Frühgeschichte des Rechts und des römischen Staates ging.

Von der Zeit der teilweise legendären Könige am Anfang einer römischen Rechtsgeschichte (6. Jahrhundert v.Chr.) bis zu Kaiser Justinian (6. Jahrhundert n.Chr.) sind bereits 12 Jahrhunderte Rechtsentwicklung zu verzeichnen. Das ist auch in der Antike eine lange Zeit, in der sich Rom von einem kleinen Stadtstaat zu einem riesigen Weltreich entwickelte. Nun gehört aber im oströmischen Reich auch noch das weitere Schicksal des römischen Rechts zur römischen Rechtsgeschichte, auch wenn die folgenden Epochen heute zumeist den Namen „byzantinische Rechtsgeschichte“ tragen. Damit sind im Osten weitere 9 Jahrhunderte bis zum Fall Konstantinopels am 29.5.1453 umfaßt. In jenem Teil des oströmischen Reiches, das schon im 7. Jahrhundert dem Ansturm des Islam unterlag, lebt römisches Recht zumindest als Literatur fort und begegnet uns noch heute bei den verschiedensten orientalischen Kirchen, in Persien, Ägypten, Mesopotamien, Armenien, Georgien, Äthiopien und bei den Thomaschristen in Indien. Im Westreich, das in der Völkerwanderung vom 5. Jahrhundert n.Chr. an seinen eigenen politischen Weg geht, können wir das römische Recht noch lange als das Recht der römischen Untertanen in den Germanenreichen auf einst römischem Boden verfolgen, dann aber auch als eines von mehreren Elementen in den eigenen Rechtssammlungen dieser neuen Reiche. Römische Rechtsgeschichte hat damit fast überall ein „offenes Ende“.

Je dichter die Forschung zur Entwicklung der privatrechtlichen Einrichtungen des römischen Rechts wurde, desto stärker wurde im 20. Jahrhundert die Neigung zur Periodisierung. Das große Handbuch von Max Kaser, „Römisches Privatrecht“, teilt die Entwicklung in drei große Abschnitte, das altrömische Recht, das klassische römische Recht und die nachklassischen Entwicklungen, wobei das justinianische Recht eigentlich auch noch, als vierte Epoche, besonders abgehoben wird. Dabei sind die Perioden des Nachlebens im Westen wie im Osten schon ausgeklammert. Innerhalb der von Kaser gewählten Abschnitte ließ sich die Periodisierung aber noch weiter vorantreiben. So gibt es zum älteren Privatrecht Versuche, das Recht der Zwölftafeln gesondert darzustellen. Andere Autoren wollten das Privatrecht der ausgehenden Republik eigens abheben. Wieder andere widmeten sich allein dem Recht der Klassik; wobei sich sofort wieder Entwicklungsschichten einer früh-, hoch-, spätklassischen und frühnachklassischen Periode ausmachen ließen. Das Recht des 3. Jahrhunderts n.Chr., das Recht der diokletianischen Zeit, das Recht der Zeit Konstantins des Großen und selbstverständlich isoliert auch das Recht der Reformen Justinians boten sich als jeweils eigene Themen an. Wer in der Klassik die Individualität der Juristen betonte, konnte schließlich die Auflösung auf die Spitze treiben, die Grobheit eines Celsus als Argumentationsstil untersuchen, die Unzulänglichkeiten eines Gaius auf's Korn nehmen, Papinians Scharfsinn rühmen oder Ulpian und Paulus und die Fortschreibung ihrer Schriften betrachten. Auch für die Untersuchung von Schulkontroversen und individuellen Meinungsstreitigkeiten unter Juristen war nun der Weg frei.

Bei der Darstellung der äußeren Rechtsgeschichte war man, da es schon immer um eine historische Disziplin ging, nie einen anderen Weg gegangen. Hier folgen die Darstellungen den einander ablösenden Staats- und Herrschaftsformen, vom alten Königtum über Republik und Prinzipat zum Dominat und zur justinianischen absoluten Monarchie. Sie orientieren sich an den nach- oder nebeneinander agierenden Trägern der Macht, besonders der Rechtsschöpfungsmacht, an einander ablösenden Prozeßformen, an der Entwicklung von Werken der Rechtsliteratur, an zeitgebundenen Bildungseinflüssen, an der Ausbreitung des Christentums und an konkreten, aus der Expansion resultierenden Kulturkontakten.

3. Das Werden des Rechts

Es wurde jedoch nicht nur aufgelöst, sondern auch wieder zusammengefügt. Das Römische Recht war als geltendes Recht seit dem 11. Jahrhundert nicht nur von seiner geschichtlichen Entwicklung abgelöst gesehen worden, sondern auch unabhängig von den für diese geschichtliche Entwicklung maßgeblichen Umständen. Sie interessierten den Praktiker und Dogmatiker späterer Zeiten nicht. Nun aber konnten bestimmte Erscheinungen den sie prägenden Umständen zugeordnet werden. Jetzt erst konnte man die Frage stellen, wie denn überhaupt private Äußerungen von klassischen Juristen ein derartiges Gewicht an Autorität erlangen konnten, daß sie wie Gesetze angenommen wurden. Jetzt interessierte die soziale Herkunft des Richterstandes, der republikanischen Amtsträger, der klassischen Juristen und der kaiserlichen Beamten. Jetzt war der Weg frei, zu fragen, wie man sich den Vorgang der justinianischen Sammlungen zu Beginn des 6. Jahrhunderts vorzustellen habe. Diese Kompositionsgeschichte wieder ließ nach dem Schicksal der klassischen Rechtsliteratur von ihrer Endfassung im 3. Jahrhundert an bis zu ihrer Wiederverwendung im Schulunterricht in Byzanz und Beryt im 5. Jahrhundert und letztlich bei Justinian fragen. Im Bereich des materiellen Privatrechts wurden Inhalte, literarische Formen und philosophische Denkschemata zusammengeführt. Vor allem aber zeigte sich, daß Sklavenrecht nicht ohne Sklavenwirtschaft, Familienrecht und Erbrecht nicht ohne Familienstruktur, Sachenrecht nicht ohne Eigentumsideologie, Obligationenrecht nicht ohne Kenntnis von der Entwicklung arbeitsteiliger Produktion und dabei herrschender Abhängigkeit zu verstehen war.

4. Die Rekomposition der klassischen juristischen Literatur

Justinian hatte in den Digesten eine riesige juristische Literatur zu einem neuen Werk komponieren lassen. Dabei wurde diese Literatur wie mit der Schere zerschnitten und neu zusammengesetzt, um die Meinungen möglichst vieler angesehener juristischer Autoren zur gleichen Frage nebeneinanderzustellen. Man schätzt, daß auf diese Weise etwa ein Drittel der klassischen Literatur – freilich nicht alle Juristen in gleichem Maße – erhalten blieb. Otto Lenel unternahm es, die auf diese Weise erhalten gebliebenen Fragmente wieder zusammenzusetzen (Palingenesia iuris civilis). Denn in der justinianischen Kompilation waren sie nicht nur mit dem Namen des Juristen, sondern auch unter Angabe des Werkes, aus dem sie stammten, aufgenommen worden. Einige Beispiele aus den Digesten mögen das verdeutlichen: D 9,2,4 Gaius libro septimo ad edictum provinciale (Gaius im 7. Buch zum Provinzialedikt) oder D 10,3,17 Modestinus libro nono regularum (Modestinus im 9. Buch der „Regeln“) oder D 10,3,31 Paulus libro quinto decimo responsorum (Paulus im 15. Buch der „Antworten“).

Mit dem Blick auf die originale juristische Literatur waren noch andere Möglichkeiten eröffnet. Werkgattungen wurden sichtbar und dabei besonders die Kommentare zum Zwölftafelrecht, zu einzelnen Volksgesetzen, zu Senatsbeschlüssen, vor allem aber zu den „Edikten“ der Prätoren, jener Amtsträger, die Prozesse zuließen oder versagten. Den Text dieser Edikte konnte man vor allem aus eben diesen Kommentaren, zumindest teilweise, rekonstruieren und zwar so wie er in einer Sammlung von Edikten erschien, die im 2. Jahrhundert n.Chr. unter Kaiser Hadrian veranstaltet wurde, im edictum perpetuum (ewigen Edikt). Ein altes Beispiel sei daraus nach D 4,4,1,1 vorgestellt:

> Praetor edicit: Quod cum minore quam viginti quinque annis natu gestum esse dicetur, uti quaeque res erit, animadvertam (Der Praetor verordnet: Was mit einem, der an Alter weniger als 25 Jahre zählt, abgeschlossen worden sein soll, werde ich, wie der konkrete Fall eben liegt, im Auge behalten).

Wieder ist hier Otto Lenel zu nennen, dem die beste Rekonstruktion zu verdanken ist. Die Arbeit ist freilich nicht abgeschlossen. Das edictum perpetuum ist eine Sammlung, die Edikte aus etwa 350 Jahren aufgenommen hat. Ganz selbstverständlich spiegeln sie eine sich wandelnde Machtfülle der Prätoren, der mit ihnen in der Rechtsschöpfung konkurrierenden Gesetzgeber (Volk und Senat) und der in den Edikten instruierten Richter. Bislang sind die Teile des edictum perpetuum noch kaum auf ihre innere Struktur untersucht.

5. Die Interpolationenkritik

Schon die Humanisten hatten behauptet, Justinian habe das überkommene Recht nicht nur sammeln, exzerpieren und neu zusammenstellen, sondern auch inhaltlich durch Texteingriffe (Interpolationen) verändern lassen. Hatte doch Justinian selbst über solche Eingriffe berichtet. Ziel solcher Texteingriffe war es, überholte Einrichtungen auf den einheitlichen Stand der justinianischen Zeit zu bringen, Kontroversen der Juristen und Schulen zu beseitigen und die oft langen, konkrete Fälle entscheidenden Abhandlungen auf ihre juristisch interessante Quintessenz zu kürzen.

Eine wahre Flut von Annahmen folgte zu Beginn unseres Jahrhunderts auf die damit herausgeforderte methodische Freiheit, die ursprüngliche Gestalt der Juristentexte hinter der justinianischen Überlieferung zu suchen. Dabei wurden Stilkriterien ebenso wie inhaltliche Kriterien eingesetzt. Beide erwiesen sich nach einiger Zeit überbordender Interpolationenkritik als prekär. Die Stilkritik konnte keine klaren Kriterien ihrer Kritik nennen. Die Inhaltskritik resignierte oft nur allzu früh vor Auslegungschwierigkeiten und flüchtete in rekonstruierte Texte, die – scheinbar – die korrekte Auslegung ermöglichten. Schon weil die recht kurze Zeit der Kompilation der Digesten – etwa zwei Jahre – für die Fülle der in der Wissenschaft angenommenen Interpolationen nie und nimmer ausgereicht hätte, kam es zunächst zu neuen Thesen, die in der Annahme vorjustinianischer Interpolationen gipfelte. In der Mitte unseres Jahrhunderts begann man schließlich, den Weg methodisch wieder zurückzugehen. Eine abschließende Bestandsaufnahme hat Max Kaser vor einiger Zeit gewagt.

Geblieben ist der Gedanke, daß die juristische Literatur seit dem 3. Jahrhundert n.Chr., bis Justinian sie zusammenstellen ließ, zum einen Neueditionen erlebte, von Buchrollen auf Codices umgeschrieben wurde und im Unterricht Glossierungen erlebte, die später in den Text eingingen. Franz Wieacker war es, der als erster den Textstufen solcher Literatur nachging.

6. Klassische Zeiten

Über Jahrhunderte richtete sich – wie gezeigt – der Blick der Juristen nur auf das justinianische Recht. Der Blick der Historiker aber galt vornehmlich Rom in Republik und Prinzipat. Als Justinians Werk endlich zur geschichtlichen Betrachtung freistand, waren es zunächst vorwiegend die Digesten und die dahinter stehenden klassischen Juristen, denen man sich widmete. Damit hatte man ungefähr jene Zeiten im Blickfeld, die schon für die Historiker von vorrangiger Bedeutung waren. Ideen vom Aufstieg und Niedergang von Kulturen, auch Rechtskulturen, von klassischen und weniger hochstehenden Epochen, von goldenen, silbernen und anderen Zeitaltern werden darin sichtbar. Vorher, das waren die primitiven Zeiten des Aufstiegs. Nachher, das war die Zeit des Verfalls. Damit waren in der Forschung frühere und spätere als die klassischen Epochen als weniger bedeutsam gekennzeichnet und eher Außenseitern des Faches überlassen.

Der Kenner der Materie merkt gleich dabei an, daß es sich nicht selten um Forschungen in Übergangsbereichen handelt, in denen der sprachliche und methodische Zugang zu den Quellen besonders schwierig war. Die Erforschung des älteren römischen Rechts setzte besondere Kenntnisse in der lateinischen Philologie, in der Würdigung der lateinischen Literatur, in der römischen Archäologie, und in der Religionswissenschaft voraus. Wer sich mit der Spätantike im Westen des Reiches befaßte, stand vor der dunklen Geschichte der „Barbarenreiche". Im Osten stand der Forscher vor den Schwierigkeiten der griechischen und koptischen Papyrologie, vor der syrischen, arabischen und armenischen Sprache der Quellen der Ostkirchen, vor dem Dunkel der griechischen byzantinischen Literatur usw.

So blieben die Versuche von Levy und Wieacker zum Weströmischen Vulgarrecht, wie der Titel eines Werkes von Levy ganz bezeichnend lautet, einsam. Nur selten wurden sie aufgegriffen und dabei nicht von Juristen. Ähnlich ist das Thema des römischen Ägypten stets unter dem Gesichtspunkt der Veränderung des hohen römischen Rechts aus ihm fremden volkseigenen und unverständigen Vorstellungen betrachtet worden. Bei Taubenschlag finden wir diesen Gedanken zum Prinzip der Betrachtung erhoben. Ebenso war das Syrisch-Römische Rechtsbuch im Urteil der Zeiten nach seiner Entdeckung immer ein Machwerk der Spätzeit und damit eigentlich aus der seriösen Romanistik ausgeschlossen. Und die juristische Byzantinistik erlebt erst heute einen Höhenflug, nachdem ihr die Philologie und Geschichtsforschung den Weg bereitet haben und seriöse Quellenforschung das Dunkel lichtet, das über der byzantinischen Rechtsliteratur lag.

7. Neue Quellen

Zum Ende des 19. Jahrhunderts war man ziemlich sicher, daß es zum römischen Recht keine neuen Quellenfunde von einiger Bedeutung mehr geben werde. Forschungen aus jüngster Zeit widerlegen das.

Bei Pompeji fand man 1959 bei Ausgrabungen unter der Lava des Vesuv einen Korb voller Wachstäfelchen mit etwa 90 Geschäfts- und Prozeßtexten aus dem Handelsbetrieb einer der bedeutendsten Familien der Stadt. Nur ein kleiner Teil ist eingehender besprochen. Was bekannt ist, hat bereits unsere Vorstellung vom formularen römischen Zivilprozeß des 1. Jahrhunderts n.Chr., den wir bislang nur dürftig aus Gaius' Institutionen kannten, verändert.

In den Ruinen der Johanneskirche in Ephesos fanden Ausgräber 1976 eine riesige Inschrift, die sich mit dem Recht der Zölle und Tarife des römischen Staates im 1. Jahrhundert n.Chr. befaßt. Die Rechtssammlung weist damit zwar einen recht speziellen Inhalt auf. Allein, sie zeigt weit mehr, nämlich allgemeine Vorgänge sukzessiver Sammlung von Rechtsmaterien und steter Neuredaktion (lex perpetua: ewiges Gesetz). Vielleicht gewinnen wir daraus neue Einsichten zu anderen Sammlungen, bei denen etwa aus einem sukzessive erweiterten und fortgeschriebenen Edikt des Prätors (edictum tralaticium) am Ende das ewige Edikt (edictum perpetuum) wurde.

Ein anderer großer und thematisch zentraler Fund tauchte erstmals an einer etwas abseitigen Stelle auf. In einer Handschrift, die sonst orientalisches Kirchenrecht in syrischer Sprache enthält, zeigte sich – erstmals 1968 – ein Rechtswerk, das leicht ersichtlich rein weltliches Recht erhielt, die Sententiae Syriacae. Der syrische Text entpuppte sich als Übersetzung aus einer griechisch geschriebenen Vorlage, die im östlichen Teil des römischen Reiches entstanden war und eine im Ursprung lateinische Sammlung frei wiedergab. Diese Sammlung repräsentierte eine Literaturgestaltung, für die es bislang nur Hinweise in einigen fragmentarischen Texten aus Westrom gab, in der lex Romana Wisigothorum (römisches Westgotenrecht). Ihr Inhalt besteht vorwiegend aus kaiserlichen Konstitutionen der Zeit Diokletians (Ende des 3. Jahrhunderts n.Chr.), daneben aus Juristenzitaten, älteren Konstitutionen des 3. Jahrhunderts n.Chr. und einigen späteren Konstitutionen aus der Zeit Konstantins I (Anfang des 4. Jahrhunderts n.Chr.) und Leos I (Mitte des 5. Jahrhunderts n.Chr.)

Im Jahre 1981 fanden Münzsucher in der Nähe von Sevilla 6 (von 10 originalen) Bronzetafeln mit einem Stadtrecht für eine bis dahin unbekannte römische Provinzstadt namens Municipium Flavium Irnitatum vom Ende des 1. Jahrhunderts n.Chr. Sehr ausführlich wird vor allem die Zuständigkeit des städtischen Gerichtsmagistrats und die Bestellung der Richter in einem bestimmten Prozeß geregelt. Man hofft, aus der Modellhaftigkeit der Regelungen Aufschluß über das noch dunkle Verfahren vor den – zur Darstellung des römischen Prozesses wichtigen – stadtrömischen Behörden zu gewinnen.

8. Rom und der Orient

Die Expansion Roms nach Osten, zunächst nach Griechenland, dann nach dem Vorderen Orient und Ägypten mußte zwangsläufig zu Kontakten mit fremden Rechten führen. Aber weder diejenigen, welche für Rom die Macht ausübten, die Provinzstatthalter, noch die Fachjuristen Roms hatten ein Interesse an diesem fremden Recht. Denn alle Rechts- und Gerichtszuständigkeit war zumindest in der römisch beherrschten Welt personal. Das sich ausbreitende Rom nahm die eigene Gerichtszuständigkeit nur für Römer in Anspruch, und vor römischen Gerichten wurde nur nach römischem Recht geurteilt. Das galt auch für Neurömer, Provinzialen, denen das römische Bürgerrecht persönlich oder wegen der Zugehörigkeit zu einer Gruppe oder Gemeinde verliehen worden war. Apg 25,10 gibt uns im Hl. Paulus ein Beispiel dafür. Kamen bei gemischter Zuständigkeit Nichtrömer vor ein römischen Gericht, so wurden sie ebenso nach römischem Recht beurteilt. Nicht anders urteilten die im Rahmen der beschränkten Autonomie fortbestehenden heimischen Gerichte, die jüdischen Gerichte nach jüdischem Recht, die griechischen Stadtgerichte nach hellenistischem Recht, die ägyptischen Dorfgerichte nach ägyptischem Recht.

Jede Verleihung des römischen Bürgerrechts an einzelne Personen, Gruppen oder Gemeinden erweiterte die Zuständigkeit römischer Gerichte. Als schließlich im Jahre 212 n.Chr. Kaiser Caracalla im wesentlichen alle Reichsangehörigen zu römischen Bürgern machte, war theoretisch nur noch eine geschlossene Zuständigkeit der römischen Gerichte des Reiches gegeben und ein einziges Recht anwendbar. Nun ergab sich aber das praktische, nicht etwa verfassungsrechtliche Problem, vor römischen Gerichten zu beurteilen, was sich an Tatsachen, familiären Rechtsakten, erbrechtlichen Verfügungen und Geschäften auf Grund ganz unrömischer Rechtsvorstellungen, die in den Provinzen real fortlebten, ereignet hatte. Nun erst sahen sich die römischen Gerichte und Juristen verstärkt mit fremden Rechtsansichten konfrontiert. Das römische Recht des 3. Jahrhunderts n.Chr. zeigt zahlreiche Spuren davon. Und ein im 4. Jahrhundert stärker nach dem Osten orientiertes Kaisertum nimmt umgekehrt manche Ideen des hellenistischen Ostens in seine Gesetzgebung auf. Auch der, freilich nicht überzubewertende christliche Einfluß auf die Gesetzgebung des 4. und 5. Jahrhunderts, mag östliche Einflüsse gebracht haben. Bis heute ist das Maß unrömischen Einflusses auf die Entwicklung des späten römischen Rechts umstritten. Die Kulturbegegnung im Recht ist aber für Kleinasien, Syrien, Palästina und Ägypten nicht zu leugnen. Daß diese Begegnung keine Einbahnstraße war, liegt nahe. Doch sind beweiskräftige Belege noch dürftig.

9. Rom und der „Westen“

Die Einheit des römischen Reiches bricht im 5. Jahrhundert n.Chr. endgültig auf. Es bildet sich ein Westreich und ein Ostreich, nur kurze Zeit noch durch staatsrechtliche Fiktionen zusammengehalten. Der Westen erleidet sein besonderes Schicksal in der Völkerwanderungszeit. Die Geschichte Westroms, auch die Rechtsgeschichte, hebt sich damit endgültig von der Ostroms ab. Die neuen Herrscher, Burgunder, Goten und Langobarden, hinterlassen ihre Spuren, auch wenn das römische Recht – nicht nur als personale Rechtsordnung für die römischen Bewohner der neuen Reiche – noch seine Kraft zeigt. Recht für Römer unter westgotischer Herrschaft ist die lex Romana Wisigothorum, Recht für Römer unter burgundischer Herrschaft die lex Romana Burgundionum usw. Aber die dann geschaffenen eigenen Rechtsordnungen der Westgoten, der Ostgoten, der Burgunder und der Langobarden ähneln in vielem diesem römischen Recht, das auf diese Weise im Mittelalter fortlebt. Doch auch die Kirche des Westens bedient sich des römischen Rechts, wie es ihr aus der weströmischen Tradition bekannt war.

10. Rom und Byzanz

Zwischen Rom und Byzanz gibt es keinen scharfen geschichtlichen Einschnitt. Als der römische Kaiser Konstantin I am Anfang des 4. Jahrhunderts n.Chr. auf dem Boden des alten Byzantion eine zweite Hauptstadt, Konstantinopel, gründete, schuf er kein neues, von Westrom getrenntes Reich. Wenn sich dennoch auf dem Boden Ostroms zwei Jahrhunderte später ein eigenständiges Staatswesen zeigt, so war es das Ergebnis einer allmählichen Umformung römischer Herrschaft und Lebensform. Im Bereich des Rechts scheint Byzanz freilich die allmählichen Wandlungen, die mit Konstantin I begannen, im 5. Jahrhundert abrupt abgebrochen zu haben. Ein klassizistischer Zug brachte allem Anschein nach das klassische römische Recht der beiden ersten nachchristlichen Jahrhunderte in seinen lateinischen Werken an die – griechisch sprechenden – Juristenschulen in Konstantinopel und Berytos (heute Beirut) zurück. Als Kaiser Justinian dann in den Jahren 529–534 n.Chr. über an diesen Schulen gebildete Juristen den ehrgeizigen Plan eines alles umfassenden Rechtswerkes verwirklichte, stützte er sich vor allem auf eben dieses klassische Recht. Er ließ nicht nur Kaisergesetze sammeln, wie sie über vier Jahrhunderte ergangen waren (Codex), nicht nur ein Einführungswerk für angehende Juristen verfassen (Institutiones), sondern vor allem das Erbe der römischen Juristenschriften zu einem neuen Gesamtwerk redigieren (Digesta). Wohl brachte Justinian dabei seine eigenen Reformvorstellungen ein und reformierte in der Folgezeit auch durch neue, griechisch geschriebene Gesetze (Novellae). Der Geist seiner Zeit aber war zurückgewandt. Wir wissen nicht viel über die praktische Bedeutung dieser großen Sammlung in justinianischer Zeit. Manches spricht dafür, daß sie zumindest in den Randgebieten des byzantinischen Reiches, in Ägypten, im östlichen Kleinasien, in Syrien, Palästina und Mesopotamien, ohne alle Bedeutung blieb.

In der Folgezeit wurde jedenfalls das Sammelwerk Justinians für den Unterricht ins Griechische übersetzt.

Es entstanden dazu Professorenkommentare, die uns in Mitschriften von Studenten überliefert sind. Die lateinische Literatur verschwand gänzlich. Und die griechische Literatur nahm ab, bis es in der ersten Hälfte des 8. Jahrhunderts wieder zu einer Renaissance juristischer Literatur kam. Sie verwertete das justinianische Recht in einer Weise, die als radikale Vereinfachung bezeichnet werden kann, sei es nach der Masse der Texte, sei es nach der Tiefe der Übernahme. Eine Kodifikation aus dieser Epoche, die Ekloge, faßte das Privatrecht und Strafrecht zusammen. Die Forschung ist gerade dabei, die dazu vorhandenen parallelen Sammlungen (das Eklogadion) oder textlichen Ableitungen (Ecloga privata und Ecloga privata aucta) zu erforschen. Zu den Werken dieser Zeit gehören weiter ein bäuerliches Rechtsbuch (Nomos georgikos), ein Rechtsbuch für die Seefahrt (Nomos Rhodion nautikos) und ein Militärstrafrecht (Nomoi stratiotikoi). Die Werke sind im lebendigen Griechisch der Zeit abgefaßt und geben schon deshalb einen Eindruck von praktischer Verwertbarkeit.

Mit dem Beginn der Makedonendynastie zu Beginn des 9. Jahrhunderts kommt es zu einer Renaissance des justinianischen Rechts in der von den Schulen des 6. Jahrhunderts tradierten Form. Das Kaiserhaus förderte die zunächst von Privatleuten getragenen Bemühungen und brachte zwei Kodifikationen hervor, welche die Ekloge ablösen sollten, einmal den Procheiros Nomos (Handbuch des Rechts), zum anderen die Epanagoge (Rückführung). Das wirklich in Kraft gesetzte erstgenannte Werk betraf vornehmlich das Privatrecht. Das zweite Werk wollte die Verteilung der Staatsgewalt zwischen Kaiser und Patriarch (Kirche) festschreiben, was nie die kaiserliche Billigung fand. Die wirkliche „Reinigung“ des Rechts im Sinne eines Rückgriffs auf Justinian blieb aber einem anderen Werk vorbehalten, den „Basiliken", promulgiert durch Kaiser Leo VI (886–912 n.Chr.). Es mußte von seinem zeitfremden Inhalt her bloße Literatur bleiben, es konnte kein angewandtes Recht werden. Praktische Bedeutung gewann dagegen das Novellenwerk Leos VI in 113 Novellen. Der Erforschung der sich an die Basiliken und die Novellen anschließenden weiteren makedonischen, ja der gesamten späteren Literatur ist derzeit ein Unternehmen gewidmet, das am Max-Planck-Institut für Rechtsgeschichte in Frankfurt/Main betrieben wird.

Gehen wir zurück zu Konstantin I, so begegnet uns eine Kirche, die dabei war, vollends zur Rechtskirche zu werden. Diese Entwicklung soll im anderen Zusammenhang des Kirchenrechts dargestellt werden. Das Nebeneinander zweier Rechtskreise, eines weltlichen und eines kirchlichen, in einem Staat, der das Christentum letztlich zur Staatsreligion erklärte, konnte nun nicht in Isolation bestehen. Das weltliche Recht übernahm da und dort christliches Denken, bei Justinian sogar die Beschlüsse ganzer Konzilien. Das kirchliche Recht wieder übernahm staatliche Organisationsstrukturen, etwa in der „Diözese" den staatlichen Verwaltungsbezirk, und staatliches Rechtsdenken. Und in vielen Bereichen entstanden Verzahnungen, in der bischöflichen Gerichtsbarkeit, in Klerikerprivilegien, in der Anerkennung kirchlicher Fürsorgeeinrichtungen usw. Ungeachtet dessen entwickelte sich im Bereich kirchlichen Rechts eine eigene literarische Tradition, die wir bei den verschiedenen östlichen Kirchen recht gut verfolgen können.

Die christologischen Streitigkeiten führten eine Reihe von „Kirchen" auseinander und die ursprünglich gemeinsame Geschichte der Rechtssammlungen der Reichskirche trennte sich zu Beginn des 6. Jahrhunderts. Von hier aus müßte die eigene Geschichte der byzantinischen Kirchenrechts-Sammlungen geschrieben werden. Es gibt sie nur in dürftigen Ansätzen.

Die byzantinische Rechtsgeschichte hat notwendig ein offenes Ende. Im weltlichen Bereich überlebt byzantinisches Recht sogar den Fall Konstantinopels. Und im kirchlichen Bereich ist die griechisch-orthodoxe Kirche noch heute weit mehr als die katholische Kirche in ihre frühe Tradition eingebunden.

11. Die Einrichtungen des römischen Rechts

Das öffentliche wie das private Recht Roms ist heute bereits, wenngleich nicht in allen Entwicklungsphasen, recht gut erforscht. Die privatrechtlichen Einrichtungen des justinianischen Rechts sind durch die systematische Bearbeitung über viele Jahrhunderte der Anwendung hinweg in Europa geradezu Gemeingut geworden. Sie in diesem Rahmen darzustellen, ist nicht erforderlich. Jedes Lehrbuch des Römischen Privatrechts informiert darüber bestens. Auch die römische Klassik, die das Material zum justinianischen Werk geliefert hat, ist gut erforscht. Was offen bleibt, sind die Frühzeit und die dunkleren Jahrhunderte von Konstantin I bis zu Justinian I im Osten und von demselben Konstantin I bis zur Frankenherrschaft im Westen. Die Welt der Forschung ist hier noch nicht „weggegeben“.

Die Quellen zum Recht der römischen Frühzeit sind dürftig und nicht selten durch ihre späte Überlieferung verfremdet. Das Recht der XII-Tafeln z.B., in Zitaten moderneren Lateins oder gar nur in indirekten Erwähnungen überliefert, wird wahrscheinlich neu gelesen werden müssen. Das noch wenig erforschte Prozeßrecht der Zeit vom 5. bis zum 2. Jahrhundert v.Chr. könnte dabei vielleicht zum Schlüssel des Verständnisses werden. Ebenso wissen wir noch wenig über die politischen und rechtlichen Mechanismen, die das Edikt des republikanischen Gerichtsmagistrates bestimmten. Wir kennen das Ende, die Sammlung der Edikte aus der Zeit Hadrians in der ersten Hälfte des 2. Jahrhunderts n.Chr. (edictum perpetuum). Aber zurück zu den Anfängen dieser Sammlung sind mindestens vier Jahrhunderte zu überwinden. Es scheint heute möglich, die ältesten Bestandteile dieser ständig fortgeschriebenen Sammlung nach Stilkriterien und politischen Erwägungen auszusondern und zu untersuchen. Davon war bereits die Rede.

Die Quellen zur Spätzeit des vorjustinianischen Ostens sind reich. Als Quellen aus Zeiten des Verfalls und der östlichen oder christlichen Verfremdung eingestuft, haben sie aber bis heute nicht das gleiche Interesse der Forscher gefunden wie das klassische römische Recht. Ihre Interpretation widerstrebt auch stärker als die in stets demselben klassischen Latein, in demselben juristischen Geist und in derselben Ideologie geschriebenen klassischen Quellen. Die sprachliche Überlieferung der Quellen in späterem Latein, in Griechisch oder gar in Syrisch, der Wechsel sprunghafter Reformen und Rückkehr zum Alten und der schnelle Wandel der Gesellschaft machen es noch schwer, ein geschlossenes Bild von den Einrichtungen der Spätzeit zu zeichnen.

Das Schicksal des römischen Rechts im Westen des Reiches wurde bislang eher als Schicksal der römischen Rechtsliteratur gesehen. Die Literatur der Zeit – immer neue Auszüge oder freie Wiedergaben und immer neue Kompositionen aus Altem – war dabei vor allem Gegenstand von Studien zur inhaltlichen und stilistischen „Vulgarisierung“ klassischer Vorlagen. Ansätze zu positiver Betrachtung der Tradition und schließlich zur Neugestalt in den Sammlungen der Nachfolgestaaten auf einst römischem Boden gibt es noch nicht viele. Vielleicht sind die Grenzgebiete auch hier gemieden, weil sie voraussetzen, sich mit Nachbardisziplinen mittelalterlicher Rechtsgeschichte eingehend vertraut zu machen.

Zeittafel zur Römischen Rechtsgeschichte

Ende des 6. Jh.v.Chr	Einfluß der Etrusker-Herrschaft (Tarquinii) und der Griechen aus den Kolonien Süditaliens auf Latium
510 v.Chr.	Sturz des Königtums
451/450 v.Chr.	XII-Tafel-Gesetz geschaffen
5. Jh. v.Chr.	Beginn der Unterwerfung Italiens bis Sizilien
286 v.Chr.	Lex Hortensia (Plebs an der Gesetzgebung beteiligt)
264–241 v.Chr.	Erster punischer Krieg
241 v.Chr.	Sizilien erste römische Provinz
197 v.Chr.	Spanien römische Provinz
146 v.Chr	Makedonische Kriege zu Ende, Makedonien römische Provinz
133–121 v.Chr.	„Reformgesetze" der Gracchen
95 v.Chr.	Consul Q.M. Scaevola, juristischer Autor
63 v.Chr.	Pompeius erobert Syrien
31/30 v.Chr.	Annexion Ägyptens
28/27 v.Chr.	Ende der Republik, Anfang des augusteischen Prinzipats
1./2. Jh.n.Chr.	Klassische Zeit der römischen Rechtswissenschaft
Um 130 n.Chr.	Endredaktion des prätorischen Edikts (edictum perpetuum), das sich seit dem 2. Jahrhundert v.Chr. entwikkelt hatte

212 n.Chr.	Constitutio Antoniniana (allgemeine Verleihung des römischen Bürgerrechts im Reich)
3. Jh. n.Chr.	Beginn des Goteneinbruchs und der Völkerwanderung
284–305 n.Chr.	Diokletian, Reform der Reichsverwaltung
306–337 n.Chr.	Konstantin I, der Große (Toleranzedikt für die Christen, Gründung Konstantinopels als „Neues Rom“)
476 n.Chr.	Sturz des letzten weströmischen Kaisers, Westrom unter germanischen Heerkönigen
5. Jh. n.Chr.	Berytos als Sitz einer hohen Rechtsschule. Entstehung griechischer Paraphrasenliteratur im Osten
506 n.Chr.	Lex Romana Wisigothorum im Westen
527 n.Chr.	Justinian I an der Regierung in Ostrom
528–534 n.Chr.	Rechtssammlung Justinians (später Corpus Iuris Civilis genannt)
8. Jh.	Sammlungen der Isaurer (Ekloge etc.) in Byzanz
9. Jh.	Makedonische Renaissance des justinianischen Rechts in Byzanz

III. Griechisches Recht

1. Geschichtliche Einleitung

Es gibt nicht eigentlich ein einheitliches Griechisches Recht, weder in den Stadtstaaten der klassischen Zeit (6. bis 4. Jahrhundert v.Chr.) noch in den hellenistischen Monarchien der Zeit nach Alexander dem Großen. Unter der Überschrift soll daher auch nur zusammengefaßt werden, was uns an rechtlichen Einrichtungen im Verlauf der Geschichte vor allem des östlichen Mittelmeerraumes aus griechisch geschriebenen und in einem weiten Sinne auf (kulturell oder ethnisch?) griechischen Ursprung zurückzuführenden Quellen begegnet. Der Bogen spannt sich dabei zeitlich und räumlich überaus weit. Kreta, die griechische Halbinsel und die Westküste Kleinasiens treten dabei schon im 3. Jahrtausend ins Blickfeld. Die Ausgrabungen in Troja führen uns mit Troja I bis zum Beginn des 3. Jahrtausends zurück. Die Hochkultur des minoischen Kreta umfaßt die erste Hälfte des 2. Jahrtausends, bis die Achäer ihr ein Ende bereiten. Eben diese Achäer waren zu Beginn des 2. Jahrtausends in die griechische Halbinsel eingewandert, hatten sich mit der heimischen Bevölkerung vermischt und die griechische Sprache eingeführt. Die achäisch-mykenische Kultur wieder endet um 1200 v.Chr., als neue Einwanderer erscheinen, oder sie verlagert sich in die Küstenregionen Kleinasiens. Die Invasion der Nordwestgriechen und später der Dorer in das griechische Festland verursacht Fluchtbewegungen nach „Übersee", nach Jonien und Zypern. Handel, Piraterie und Kolonisation ließen in derselben Epoche bereits Griechensiedlungen in Sizilien, Spanien, Südfrankreich, Unteritalien, Nordafrika, Syrien, an den Küsten des Schwarzen Meeres und in Ägypten entstehen. Nach einer eher dunklen Zeit des 9. und 8.

Karte zur Griechischen Rechtsgeschichte

Jahrhunderts v.Chr., über die allein die homerischen Epen berichten, treten uns die Stadtstaaten der griechischen Klassik im vollen Licht lesbarer Quellen gegenüber: Athen und Attika, Sparta mit Lakonien und Messenien, Korinth, Argos, die Landschaft Phokis mit 22 „Städten", Kreta mit mehr als 100 „Städten", Rhodos mit 3 „Städten", Lesbos mit 6 „Städten", die Böotier und die thebanische Liga, die jonische Liga u.a.m.

Das Ende der Bedeutung dieser Stadtstaaten und Ligen kommt mit den makedonischen Herrschern. Alexander der Große wird zum Gründer einer hellenistischen Monarchie, die weit über die Grenzen Griechenlands und seiner bisherigen Kolonien hinaus reicht und die Städte des Vorderen Orients und Ägyptens gräzisiert, hellenisiert. Die hellenistischen Nachfolgereiche nach Alexander sind es vor allem, in denen die dichtesten und gleich mehrfachen Kulturkontake im Recht betrachtet werden können, in Ägypten das Ptolemäerreich, im Vorderen Orient das Seleukidenreich. In Ägypten treffen hellenistische Einrichtungen auf das heimische ägyptische Recht und werden ihrerseits wieder von römischen überlagert. In Syrien und Palästina begegnet Hellenisches dem heimisch Orientalischen verschiedenster Herkunft, darunter auch dem Jüdischen.

Traditionell wird in den rechtsgeschichtlichen Darstellungen Altgriechenland von der Welt Alexanders und seiner Nachfolger getrennt. Eine Einheit der beiden Epochen dürfen wir jedenfalls für die Rechtsgeschichte nicht annehmen. Es fehlt zum einen schon an der Basis einer faßbaren Tradition vom Griechischen zum Hellenismus: Es gibt nämlich in Altgriechenland kein gemeinsames griechisches Recht, das sich in den hellenistischen Nachfolgestaaten hätte ausbreiten können. Und von der Wirkung her ist das ebenso deutlich: Es gibt in der sogenannten hellenistischen Welt kein geschlossenes hellenistisches Recht. Ja, es fällt hier wie dort bereits schwer, über die griechische Terminologie hinaus irgendwelche gemeinsamen eindeutig griechischen Rechtsgedanken festzustellen.

2. Altgriechenland: Von der Rechtsphilosophie zur Rechtsgeschichte

Die Stadtkulturen Altgriechenlands haben uns in ihrer Literatur keine große Gesetzes-Kodifikation, keine scharfsinnige Juristenschrift, kein technisch ausgefeiltes Prozeßsystem überliefert. Das unterscheidet Griechenland fundamental von Rom. Wohl aber sind Recht und Staat schon früh Gegenstand philosophischer Betrachtung gewesen und dabei in eine für die europäische Kultur bedeutsame rechtsphilosophische Literatur eingegangen. Indirekt ist diese Literatur über römische philosophische Autoren auch zum Bestandteil römischer Rechtsbetrachtung geworden. Sie ist jedoch von römischen Fachjuristen nirgends zentral übernommen worden. Als im Mittelalter die gleiche philosophische Literatur dem Abendland noch einmal, jetzt über den Islam, übermittelt wurde, erlitt sie das gleiche Schicksal. Das gelebte Recht und die praktische Jurisprudenz blieben von ihr unberührt, wiewohl es zur humanistischen Bildung gehörte, sich mit der Rechtsidee, mit Gerechtigkeit und Billigkeit und mit dem idealen Staat zu befassen. Die griechische Rechtsphilosophie wurde auf diese Weise zum vornehmlichen Gegenstand der von der Jurisprudenz getrennten Staats- und Rechtsphilosophie. In den spekulativen Systemen der verschiedenen Naturrechtsbewegungen wurden zwar manche Gedanken Platos und Aristoteles von ihrer philosophischen Höhe herab zu einem neuen Recht konkretisiert, doch auch solche Erwägungen blieben außerhalb der Betrachtung der am römischen Recht geschulten und nur mit dem römischen Recht argumentierenden juristischen Praktiker. Naturrecht und praktisch verwendbares gemeines Recht waren verschiedene Dinge.

Bei den spekulative Systeme erarbeitenden Rechtsphilosophen der beginnenden Neuzeit war auch nicht eigentlich die Welt realer rechtlicher Einrichtungen interessant, die in den Denkgebäuden der Griechen als Material auftauchte. Von einigen wenigen Ausnahmen abgesehen – eine frühe Ausnahme ist Samuel Petit mit seinen Leges Atticae, Paris 1635 – liest man erst im 19. Jahrhundert die griechischen Philosophen als rechtshistorische Quellen. Die Themen der Erörterung zu den Quellen selbst waren bis dahin solche wie Dike und Themis, die ideale Organisation der Stadtstaaten (Poleis), Demokratie und Tyrannis, Gemeinwohl und Machtverteilung.

Noch im 19. Jahrhundert wandelte sich das Bild, als man sich auch anderen griechischen Quellen zuwandte, etwa den Gerichtsrednern Isokrates, Lysias, Demosthenes, Antiphon, Isaios, Aischines, Andokines und Hypereides. Neben Historikern wie Dio Chrysostomos, neben Dramatikern wie Euripides, Aristophanes u.a.m., neben Inschriften aus allen Teilen Griechenlands, und neben Lexikographen werden sie nun zur Rekonstruktion des attischen Prozesses und später des attischen Rechts verwendet. Caillemer, Dareste, Partsch, A. B. Schwarz, Rabel und Kreller sind hier vor allem zu nennen. Von da an war der Weg frei, altgriechische Stadtrechte auch im Rahmen der Geschichtswissenschaft zu studieren.

Noch immer gibt es freilich eine reiche staats- und rechtsphilosophische Literatur zu denselben, nun auch von den Rechtshistorikern beanspruchten philosophischen Quellen. Diese Literatur muß sich auch in einigen Themen mit denen der Rechtshistoriker berühren, etwa bei der Frage, was denn „Recht“ überhaupt sei. Insgesamt aber ist heute die prinzipielle Trennung der Disziplinen akzeptiert.

3. Die griechische Frühzeit und die homerische Gesellschaft

Die Archäologie kann nur in Grenzen zu Recht behaupten, daß „die Steine sprechen“. Wo es um eine sei es auch noch so einfache Rechtsordnung geht, beginnt die Geschichtsforschung erst mit schriftlichen Zeugnissen. Ohne solche Zeugnisse sind weder konkrete Herrschaftformen, noch Familienstrukturen, Eigentumsbeziehungen oder gar Geschäftsformen zu erfahren. Es zählt also noch nicht allzu viel, zu wissen, daß es einen minoischen oder mykenischen König gab oder daß bildliche Darstellungen eine Teilnahme der Frau am Kultgeschehen bezeugen.

Die homerischen Epen, daneben auch Hesiods Theogonie, ein Werk über die Abstammung der Götter, sind es, die erstmals einen Einblick in die Welt der rechtlichen Gestaltung des Lebens geben, eigenartigerweise gerade in einer Zeit, die sonst als die dunkle Zeit des 8. und 7. Jahrhunderts v.Chr. bezeichnet wird. Es ist heute weithin akzeptiert, daß die Epen Homers von einer realen Person Homer, nicht von einem fiktiven Autor geschaffen worden sind. Und es ist sehr wahrscheinlich, daß sie im 8. Jahrhundert im jonischen Kleinasien entstanden sind. Nun haben beide Epen, die Ilias wie die Odyssee, ein poetisches Ziel; auch wo sie über rechtliche Dinge berichten, steht nicht das Recht im Vordergrund. Und die Themen, über die wir etwas erfahren können, umfassen nicht das gesamte Leben einer Gesellschaft. Die „homerische Gesellschaft“ ist vornehmlich die des Kriegslagers und des Männerabenteuers.

Folgerichtig gibt es nur wenige punktuelle rechtsgeschichtliche Untersuchungen, die jeweils darauf angewiesen sind, was Homer an rechtlich interessanten Themen vorgibt. Die eminente Schwierigkeit der Auswertung aber ergibt sich nicht aus dem Charakter des engen thematischen Ausschnitts, sondern aus der Frage, wie denn die Berichte bei Homer überhaupt zu lesen sind. Werden sie nur nach der Weise der älteren Philologie wortreich umschreibend wiedergegeben, so ist für die Rechtserkenntnis nicht viel gewonnen. Jede Erklärung aber aus späteren, deutlicher faßbaren rechtlichen Einrichtungen ist gewagt. Sehen wir doch bis heute keine Verbindung der Welt bei Homer zu einer bestimmten späteren Rechtskultur Griechenlands, auch wenn heute rechtshistorische Abhandlungen Homer wie selbstverständlich in die Entwicklung einbeziehen. So blieb dem Rechtshistoriker nur, sich auf terminologische Studien, auf Vergleiche in einem weiten indogermanischen oder gar weltweit ethnologischen Bezug oder auf gesellschaftliche, besonders ökonomische, Struktur- und Funktionserwägungen einzulassen.

Welche Themen sind es, denen wir begegnen? Schon älter sind die Versuche, aus schmalen Zeugnissen eine Staatsordnung bei Homer zu erschließen. Man findet die Idee des Königtums, den dynastischen Gedanken, Familienoberhäupter und Adelskreise und die Heeresversammlung als Beschlußorgan. Aus der Odyssee ist es themengemäß der umherirrende Fremdling, der zu Erwägungen um die personelle Reichweite einer Rechts- und damit Friedensordnung und um die Gastfreundschaft als rechtliche Einrichtung veranlaßt. Penelope und die Freier geben neben anderen Zeugnissen Gelegenheit, nach dem System des ehelichen Güterrechts, besonders nach dem Brautpreissystem zu fragen. Ganz selbstverständlich führen die Beschreibungen der vielfältigen „Abhängigkeiten im Haus", etwa im Haus der Eltern der Nausikaa oder im Haus der Penelope, zu Erwägungen um Freiheit und Unfreiheit in einem weiten Sinne. Zwei berühmte Gerichtsszenen aus der Ilias, die in 18,497 ff. beschriebene Bildszene auf dem Schild des Achill und die Streitszene um die Preise bei den Leichenspielen nach dem Tod des Patroklos aus 23,538 ff., haben für eine reiche prozeßrechtliche Literatur gesorgt, denn noch immer suchen die Juristen bevorzugt nach primordia civitatis (Ursprünge des Staates), den Ursprüngen der friedlichen Streitschlichtung, dem Übergang von der rohen Gewalt zum Recht.

So heißt es in 18,498 ff. (Übersetzung von Rupé aus der Tusculum-Ausgabe) das Bild beschreibend:

> . . . zwei Männer lagen im Streit um die Sühnung eines getöteten Mannes. Es beteuerte dieser dem Volke, alles hab' er bezahlt, doch leugnete jener die Zahlung.
> Beide heischten, den Streit vor dem kundigen Richter zu enden."

In 23,538 ff. wieder geht es um ein „Urteil", und zwar auf einen zugeschobenen Eid:

> „Besser, ich fälle das Urteil selbst, und keiner, so hoff' ich soll mich tadeln im Danaervolk, denn ich fordre Gerechtes. Komm', Antilochos, Göttlicher, her und folge dem Brauche.
> Stelle dich vorn an Wagen und Rosse und nimm in die Hände fest die biegsame Geißel, die eben zuvor du geschwungen.
> Rühr' an die Rosse damit und schwöre beim Erdenerschütterer, daß du absichtlich nicht mit Tücke gehemmt mir den Wagen."

4. Das Recht der griechischen Stadtstaaten

Nach der dunklen Zeit der homerischen Epen kommt eine Zeit, die reicher an Quellen ist. In ihr haben sich im ägäischen Raum Stadtstaaten (Poleis) gebildet, die für sich allein oder in Städtebünden die Politik des Raumes bestimmen. „Stadt" (Polis) ist dabei nicht nur das eigentlich städtische Zentrum mit Tempel, Marktplatz und Festung, sondern auch das zugehörige Umfeld, so wie etwa die Landschaft Attika zu Athen gehörte.

Dabei treten nicht alle bestehenden Stadtstaaten in den Quellen in gleicher Weise hervor. Jedenfalls dominierte bislang in der Forschung das Bild von der athenischen Demokratie, denn gerade die literarische Überlieferung zu Athen war besonders reich. Berichte über andere Stadtstaaten reichten kaum aus, auch nur ansatzweise ein Gesamtbild zu irgendeinem, sei es auch noch so speziellen rechtsgeschichtlichen Thema zu entwerfen. Ein Blick in die neuere rechtshistorische Literatur zeigt noch immer den gleichen Befund. Das könnte sich mit dem stärkeren Einbezug einer neuen Schicht von Quellen, den Inschriften, ändern .

Methodisch war die Dominanz Athens für die Forschung gefährlich. Denn allzuleicht wurde von athenischen Einrichtungen auf solche anderer griechischer Stadtstaaten geschlossen. Das galt besonders dann, wenn von Forschern von vornherein eine Einheit griechischen Rechts, ein gemeingriechisches Recht, angenommen worden war. Wohl darf man annehmen, daß in der Kolonisation Tochterstädte entstanden, die das Recht der Mutterstadt in ein neues Siedlungsgebiet, etwa nach Alexandreia, nach Sizilien, nach Unteritalien, usw. mitnahmen. Im übrigen aber ist nirgends jene gemeinsame Kulturentwicklung sichtbar, die es rechtfertigte, an eine Einheit der Rechtskultur zu denken. Die Annahme der Einheit aber ist es, die Werke hervorbrachte, die sich etwa mit „dem“ griechischen Kauf oder „dem“ griechischen Bürgschaftsrecht beschäftigen. Parallelentwicklungen und Konvergenzen auf gleicher gesellschaftlicher und ökonomischer Grundlage gab es wohl, aus dem kulturellen Kontakt wohl auch Entlehnungen. Um so deutlicher heben sich jedoch die zahlreich überlieferten Divergenzen ab. Beste Beispiele dafür geben die Papyri aus dem Sand Ägyptens. Dort sind nach den von dem polnischen Gelehrten Taubenschlag gegebenen Beispielen bei den griechischen Kolonisten die verschiedensten Stadtrechte oft mit divergenten Lösungen zur selben Frage zu finden. Erstaunlich ist nur, daß Taubenschlag selbst dann doch von einem einheitlichen griechischen Recht spricht. Ungerechtfertigt ist es also, anzunehmen, wer eine Ordnung, nämlich die athenische, kenne, kenne alle. Fast müßig zu sagen, daß allgemeine Ähnlichkeiten wie, daß es Eigentum, Ehe, Familie, Sklaverei, Gerichte etc. gegeben habe, nicht viel zählen.

5. Athen und Attika

Obwohl die Überlieferung zu Athen und Attika am reichsten fließt, darf derzeit nicht erwartet werden, daß wenigstens insoweit ein Gesamtbild gezeichnet werden kann, das auch nur einigermaßen dem entspricht, wie wir es von Roms klassischer Zeit zeichnen können. Gründe dafür sind die thematischen Einseitigkeiten der Quellen, etwa Reden zu Strafsachen, aber vornehmlich auch, daß es keine zeitgenössische rechtswissenschaftliche Verarbeitung der Erscheinungen gibt, wie in Rom. Wie bereits gezeigt, kann die hohe griechische Rechtsphilosophie nicht mit einer Fachjurisprudenz gleichgesetzt werden. Wohl gibt es als Basis für die Philosophie Werke, die wir am besten mit dem Wort „Rechtskunde“ bezeichnen könnten. Aristoteles hat mit seinem Werk „Politeia ton Athenaion“ – das die Papyrologie fast ganz überliefert hat – die Rechtseinrichtungen des athenischen Staates beschrieben. Und Theophrast hat ein Werk „Peri ton Nomon“ (Über die Gesetze) verfaßt – von dem uns leider nur ein Ausschnitt zum Kauf überliefert ist. Aber hier wie sonst fehlt jene Verarbeitung juristisch-technischer Art, wie wir sie aus Rom kennen, eine Verarbeitung von den

Problemen des Lebens her und eine rationale Diskussion über mögliche divergente Lösungen. Man hat sich gefragt, wo der Grund für diesen Mangel einer Juris-prudenz liege; kannte doch die griechische Welt zumindest zum Ende der Klassik die römische Jurisprudenz. Der Grund liegt wohl darin, daß die Gerichte der demokratisch regierten Poleis der Entwicklung des Fachjuristen entgegenwirkten, den der Massensuggestion fähigen Rhetor begünstigten. Die Überlieferung berichtet für Athen, daß es Strafgerichtshöfe gab, die mit 501, manchmal 1501 Richtern besetzt waren, oder Zivilgerichtshöfe, die 201 oder 401 Richter aufwiesen. Jede fachlich juristische Argumentation vor solchen Gerichtshöfen, ja schon die Vorbereitung eines gegliederten Prozeßprogrammes war vergebene Mühe. Der Gewinn des Prozesses war eine Frage der Redekunst, nicht der Rechtswissenschaft. Die Kunst der Überzeugung mit gängigen Topoi (Argumentationsfiguren) wurde entwickelt, nicht eine diskursive rationale Argumentation. In der ohne Beratung stattfindenden Massenabstimmung mit Hilfe von Stimmtäfelchen mußte die letzte, wenn es sie je gab, zwangsläufig untergehen.

Die athenische Rechtsgeschichte beginnt mit den gesetzlichen Reformen von Drakon (um 621 v.Chr.) und Solon (zwischen 594 und 591 v.Chr.). Eine aristokratische Herrschaft wurde abgelöst, weil aus dem Handel neureiche Kräfte zur Herrschaft drängten, die sich nicht mehr auf das Bodeneigentum, sondern auf bewegliches Vermögen stützten. Dabei können die Reformer, selbst im Blick späterer Zeiten, noch als „Tyrannen" bezeichnet werden. Von der neu entwickelten demokratischen Herrschaft haben wir bis heute keine volle Kenntnis, ebensowenig vom Privatrecht der klassischen Zeit. Gleichwohl gibt es bereits zahlreiche Versuche von bescheidenen Gesamtdarstellungen. Hier soll wie im römischen Recht auf solche Darstellungen verwiesen werden:

Die Herrschaftsform der athenischen Demokratie ist schon wegen ihres Zusammenhangs mit der Staatsphilosophie reicher behandelt. Gaudemet hat, mit Literatur dokumentiert, zusammengefaßt, was wir heute von ihren Prinzipien wie „Gleichheit vor dem Gesetz", „Freiheit", „Bürgern" und „Klassen", von „Gliederungen des Volkes", „Volksvertretung", „Magistraten" und „Gerichten" wissen. Bretone und Talamanca berichten von den Forschungen zum normativen System der athenischen Polis. Auch gibt es Forschungen zum attischen Prozeß, die bis zur ersten Hälfte des 19. Jahrhunderts zurückreichen und neuerdings große Detailuntersuchungen hervorgebracht haben. Auch zum attischen Privatrecht gibt es längst Versuche einer Gesamtdarstellung des nach den Quellen besser belegten Familienrechts. Hier kann auf Beauchet und neuere Autoren wie Dimakis, Kränzlein und Harrison verwiesen werden. Neu sind die Versuche, Inschriften als Rechtsquellen zu Privatrecht und Prozeßrecht heranzuziehen.

Es gibt bislang nicht genügend Quellen, um für andere Poleis eine ähnliche Darstellung zu geben, wie sie zu Athen vorgestellt worden ist. Die großen Abhandlungen zu Athen behandeln allenfalls Erscheinungen aus anderen Poleis mit, über die bei athenischen Quellen mitberichtet wird oder von denen wir aus lokalen Inschriften erfahren. Eine Ausnahme ist das Stadtrecht von Gortyn, das uns einen besseren Einblick gewährt. So werden bei den schon genannten Autoren Athen und Gortyn in den Mittelpunkt gestellt, aber doch immer wieder auf die Verhältnisse bei den Lokrern, in Kerkyra, Sparta, Thasos, Euboia u.a. Bezug genommen.

6. Gortyn

Der Fund: Aus der Rechtsgeschichte einer der Städte der griechischen Inseln ist uns kaum etwas bekannt, mit einer Ausnahme, der Stadt Gortyn auf Kreta. Aus dieser Stadt ist eine große Inschrift überliefert, die ein Sammel- oder Gesetzgebungswerk enthält. Die Fundgeschichte ist abenteuerlich. Von 1857 an fand man vor allem in einem Mühlgraben in den Ruinen der alten Stadt Teile einer griechischen Inschrift mit Rechtstexten. Bereits 1884 und 1885 kam es zu zwei konkurrierenden Editionen der gut, wenngleich nicht vollständig erhaltenen Inschrift. Eine moderne, mustergültige Edition mit englischer Übersetzung bietet heute R.F. Willets. Eine überwiegende Meinung datiert die Inschrift in das 5. Jahrhundert v.Chr. Hauptargumente sind solche aus der Numismatik (Münzkunde) und der besonderen Schrift, die sich boustrophedon (wie der Ochse pflügt) am Ende einer Zeile jeweils nach der anderen Richtung zurückwendet. Andere, kleinere Funde in Gortyn, Axos, Dreros und Eleutherna weisen freilich darauf hin, daß die in der großen Inschrift erhaltenen Rechtstexte nicht die ältesten dieser anscheinend hochentwickelten kretischen Kultur sind. Ergänzend können eine Reihe von jüngeren, isoliert überlieferten Volkbeschlüssen aus Gortyn herangezogen werden.

Gesetzbuch oder Sammelwerk? Anbetrachts der Dürftigkeit des sonstigen Materials zum altgriechischen Recht haben sich die Rechtshistoriker mit großem Eifer auf diese Quelle geworfen. Ihre erste Frage war die nach dem Zweck der Rechtsaufzeichnung. Geht es um das geschlossene Werk eines Reformators als Gesetzgebers oder hat man eine bis dahin geltende Tradition älteren Rechts aufgezeichnet oder hat man Tradition und Reform miteinander verbunden? Die Wahrscheinlichkeit spricht für das letztere. Thematisch überaus gemischt und lückenhaft ist der Inhalt der Texte. Andererseits verweist man mehrfach auf älteres Recht, das für vergangene Verhältnisse fortbestehen soll. Jedenfalls war Kreta keine griechische Kolonie, deren Städte reformatorisch mit dem Recht einer Stadt des griechischen Festlandes bewidmet wurden. Vergleiche mit dem Codex Hammurabi und den römischen XII-Tafeln wurden bald als unseriös abgetan. Vielleicht hätte man beim Vergleich umgekehrt schon den Charakter dieser beiden Vergleichsquellen als Kodifikationen im modernen Sinne bezweifeln sollen.

Der Inhalt: Trotz aller Lückenhaftigkeit, stets gemessen an einer modernen Kodifikation, kann man über die Regeln ein gutes Bild vom damaligen Gesellschaftssystem und Rechtsdenken gewinnen. Gortyn zeigt uns z.B. Einzelrichter in Zivilsachen, kosmoi, getrennt nach Stadt- und Fremdengerichtsbarkeit. Es zeigt uns eine Zweiteilung des Prozesses in ein Verfahren zur Festlegung eines Prozeßprogrammes und ein Verfahren zur Entscheidung nach diesem Programm, auch wenn beide Teile vor demselben Richter stattfinden. Das Verfahren kennt eine Bindung des Richters an das Gesetz oder das Recht im weiteren Sinne und erlaubt ihm nur in nicht geregelten Fällen, nach eigener Vorstellung und unter Eid zu entscheiden. Die Gesellschaft, für die das Recht gilt, ist eine Gesellschaft von differenziert Freien, von Personen, die in unterschiedlicher Weise von anderen abhängig waren. Die Details solcher Abhängigkeit, die wir nicht vorschnell mit dem vom römischen Recht her genormten Ausdruck „Sklaverei“ bezeichnen dürfen, lassen sich nur schwer kurz beschreiben. „Hörigkeit“ und „Schuldknechtschaft“ könnten gelegentlich ebenso treffend sein wie „Sklaverei“. Der Übergang von einer reinen Agrarwirtschaft zur Geldwirtschaft zeichnet sich vielleicht in den Differenzierungen ab.

Besonders markant ist das Ehe- und Erbsystem. Willets beschreibt es mit einer langen ethnologisch-vergleichenden Einleitung. Hintergrund ist die Unterscheidung von Haus- und Individualvermögen. Haus und Hof verblieben im Erbgang den Söhnen (und zwar nach Stämmen), sofern sonstiges Vermögen vorhanden war. Am sonstigen Vermögen, aber auch am Hausvermögen, wenn es an sonstigem Vermögen fehlte, erlangten die Töchter je einen halben Sohnesanteil. In der Seitenlinie wurde die Agnation (Dominanz der männlichen Nachkommen) aber nicht konsequent durchgesetzt; fehlte es an Agnaten, so erbten die Schwestern, deren Kinder und Kindeskinder. Gab es keine Söhne, sondern nur Erbtöchter, so erbten sie unter der Verpflichtung, den nächsten agnatischen Verwandten zu heiraten, den Onkel väterlicherseits oder dessen Söhne, jeweils in der Reihenfolge des Alters der Erbtöchter. Dieses Grundprinzip wird höchst ausführlich zu Ende gedacht, letztlich bis zu dem Fall, daß die Heirat der Erbtochter im eigenen Stamm ausscheidet oder daß eine außerhalb des Stammes verheiratete Tochter nachträglich zur Erbtochter wird.

Die Trennung des Vermögens von Mann und Frau zeigt sich in zahlreichen Regeln. Instruktiv ist der Fall der Scheidung:

> „Wenn Mann und Frau geschieden werden, soll sie das ihre haben, womit sie zum Mann gekommen ist und die Hälfte der Früchte, die aus ihrem Vermögen vorhanden ist, und die Hälfte dessen, was sie gewoben hat; dazu 5 Stater, wenn der Mann der Grund für die Scheidung ist . . ."

Die Sammlung enthält weiter Regeln über uneheliche Kinder. Kernpunkt ist die Feststellung der Vaterschaft; in einer patriarchalischen Gesellschaft wie in einer Gesellschaft, die Kinder bei Statusverschiedenheit dem Vater folgen läßt, eine Notwendigkeit. Adoption gab es ebenfalls; eine Folge der Notwendigkeit, das „Haus" zu erhalten. Und zahlreiche Regeln des Güterverkehrs zeigen den Aufbruch in eine Geld- und Handelswirtschaft.

Karte zur Hellenistischen Rechtsgeschichte

IV. Hellenismus und Recht

1. Die Grundlagen: Kolonisation - Expansion

Die schon alte griechische Kolonisation im Mittelmeerraum verstärkte sich im 4. Jahrhundert v.Chr. unter dem Druck der Übervölkerung Griechenlands. Nicht immer führte diese Kolonisation aber zur Gründung geschlossener griechischer Tochterstädte. Es gibt auch personal-rechtlich ausgegliederte griechische Gemeinschaften innerhalb bereits vorhandener Städte. Dabei ist „griechisch" nicht in engem Sinne zu verstehen. Die „Hellenes" waren Griechen, Thraker und Makedonen und letztlich alle fremden Zuwanderer, die sich dem hellenischen Personalverband anschlossen. So kann es durchaus sein, daß auch einmal hellenisierte Juden zu diesem Verband gehörten. Die Ausbreitung griechischer Herrschaft und die koloniale Inkorporation der neugegründeten Gemeinschaften in den Machtbereich irgendeiner griechischen Polis lag den Kolonisten so fern wie den Händlern mit ihren Niederlassungen.

Eine ganz andere Art der Kolonisation begann mit den makedonischen Herrschern. Der makedonische Heerkönig Philipp II (359–336 v.Chr.) besiegte Athen und seine Verbündeten 338 v.Chr. bei Chaironeia und wurde zum Führer des neu gegründeten Korinthischen Bundes. Sein Sohn Alexander, 336 v.Chr. mit 20 Jahren an der Macht, führte schon 335 v.Chr. den Korinthischen Bund in einen Eroberungskrieg gegen Persien, der ihn nach der Schlacht von Issos und dem Sieg über Dareios nach Ägypten, nach Mesopotamien und schon 327 v.Chr. bis zum Indus führte. Aus dem makedonischen Heerkönig wurde dabei ein orientalischer Herrscher. Die Expansion führte nach Plutarch (de fortuna Alexandri I,6) zur Gründung zahlreicher neuer

„Griechenstädte“ in den eroberten Gebieten, besonders in Kleinasien, Syrien und Palästina. „Griechen“ waren jetzt noch weniger eng zu verstehen als in den alten Kolonien. Das Bürgerrecht in den Griechenstädten machte jetzt den „Griechen“, nicht die ethnische Herkunft. Eine historische Karte der Folgezeit kennzeichnet schon in der griechischen Benennung der Städte die Zeit ihrer Entstehung unter Alexander oder seinen Nachfolgern. Nicht wenige tragen z.B. den Namen Alexanders selbst.

Im Jahre 323 v.Chr. starb Alexander in Babylon. Vier Jahrzehnte etwa dauerte der Kampf der Nachfolger (Diadochen). In Griechenland selbst unterlag der letzte makedonische Herrscher 168 v.Chr. den Römern, Makedonien wurde 148/147, Achaia 27 v.Chr. römische Provinz. Das Hellenische wird uns in der Rechtsgeschichte dieses Raumes kaum noch begegnen. Bedeutsamer für die Frage nach dem hellenistischen Recht werden zwei andere Nachfolgedynastien. Die Dynastien nach Seleukos und Ptolemaios Lagos, als Dynastien Seleukiden bzw. Ptolemäer oder Lagiden genannt, teilen sich in den östlichen Teil bzw. ägyptischen Teil des Alexanderreiches. Für die Rechtsgeschichte ist dabei bedeutsam, daß sich in Kleinasien kleinere Königtümer vom Seleukidenreich abspalten, die schon bald unter die sich nach Kleinasien ausdehnende römische Herrschaft gelangten. Die Herrschaft der Seleukiden, nach und nach auf Syrien beschränkt, verschwindet im Jahre 64 v.Chr. Rom hat sich zu dieser Zeit bis zum Euphrat ausgebreitet. In Ägypten etablierten sich die Ptolemäer als die neuen Pharaonen; hier blieb die Einheit des Landes gewahrt. Das Ende der letzten Ptolemäer (Kleopatra) im Kampf zwischen Antonius und Octavian (Augustus) nach der Schlacht bei Actium (31 v.Chr.) ist bekannt.

2. Hellenismus

Alexander: Alexander wird die Absicht zugeschrieben, er habe in seiner Siedlungspolitik Griechen und Barbaren (Orientalen) vermischen wollen. Was ihm in der kurzen Zeit seiner Herrschaft nicht gelang, sollen dann seine Nachfolger in zwei Jahrhunderten konsequenter Politik durchgeführt haben. Beide Annahmen, die der Ideologie wie die der gezielten Politik einer Fusion sind prekär. Vielleicht ist in manchen orientalischen und ägyptischen Städten im Schatten hellenistischer Herrschaft, weiterer griechischer Auswanderung, der Integrationskraft des Söldnerheeres und der Attraktion griechischer Bildung lediglich „geschehen", was uns in geschichtlichen Zeugnissen als „Hellenisierung" begegnet. Nach der Meinung des Historikers Droysen in seiner Geschichte des Hellenismus sind die „Hellenes" der Quellen umgekehrt als orientalisierte Griechen zu verstehen, ihre Lebensweise – auch im rechtlichen Bereich – eine enge Verbindung von griechischer und orientalischer Lebensart. Eine neuere Meinung sieht in den „Hellenes" nicht nur Griechen im weitesten Sinne, sondern auch griechisch sprechende Orientalen verschiedenster Herkunft als Mitglieder einer neuen Stadtkultur. „Hellenes" sind „Kultur-" oder gar „Rechtsgriechen", besonders wo es um Zuständigkeiten vor Gerichten, Behörden und Urkundenverfassern geht. Die Zeugnisse dafür mehren sich.

Hellenismus: Die Gemeinsamkeiten, die man mit dem Ausdruck „Hellenismus" bezeichnet, sind noch heute ohne scharfe Konturen. Sicher ist eine sprachliche Gemeinsamkeit damit gemeint, die griechische Koiné. Sie ergreift in Kleinasien wohl auch das Land außerhalb der Städte. In Syrien, Mesopotamien, Palästina und Ägypten dominiert jedoch außerhalb der Städte die heimische orientalische Sprache, im Umfeld von Antiocheia, Edessa, Nisibis, Dura-Europos am Euphrat etwa ein aramäischer Dialekt, der uns als „Syrisch" in der Rechtsgeschichte des Raumes noch vielfach begegnen wird. Die Trennung der hellenistischen Stadt und der Welt der Dörfer des flachen Landes, der Chora, wie sie die „griechischen" Stadtbewohner nennen, zeigt ihre Spuren auch noch in der Christianisierung. Das hellenistische Christentum der Städte neigt sich in den christologischen Streitigkeiten eher der byzantinischen Richtung zu, das Christentum des Landes mit seiner syrisch-aramäischen Sprache wird zumeist antibyzantinisch.

Über die sprachliche Koiné hinaus gibt es keine Einheit der hellenischen Welt, im rechtlichen Bereich keine einheitliche Herrschaftsform, Gerichtsbarkeit, Steuerverwaltung, Geschäftsformen, Landverteilung, Ehevorstellung. Verschiedenheiten auf der Basis lokaler Vorformen scheinen zu dominieren. Der geschlossene Export griechischer Rechtseinrichtungen ist vielleicht in den Tochterstädten der frühen Kolonisation anzunehmen, für die hellenischen Städte der Diadochenstaaten, selbst wenn es sich um Neugründungen handelte, ist das anbetrachts der bunten Mischung der Ansiedler gänzlich unwahrscheinlich.

Wer Hellenismus als Erscheinung der Zeit nach Alexander im Raum des Vorderen Orients und Ägyptens verfolgt, wird nicht nur mit der Frage konfrontiert, auf welche lokalen Vorgegebenheiten die „griechische Art" trifft. Denn die Geschichte hat alsbald eine Fortsetzung darin, daß Rom auf der Bildfläche erscheint und alle geschichtlichen Zeugnisse nun auf die neue Möglichkeit der Verfremdung des Hellenismus zu untersuchen sind. Will die Rechtsgeschichte dieses Raumes nicht einfach in den Quellen bezeugte Vorgänge beschreiben, so muß sie sondern, was verschiedenen Ursprung hat. Der Raum wird zum Gegenstand verschiedener „Rechtsgeschichten“, einer (oder vieler?) orientalischen, hellenistischen, ägyptischen und römischen Rechtsgeschichte. Dasselbe gilt später noch einmal, als das Christentum seine in die Welt reichende Rechtsordnung über das Vorhandene legte.

Bei der angestrebten Sonderung zeigen sich gewaltige methodische Schwierigkeiten. Nach den Vorbemerkungen über Hellenismus und Stadtkultur darf man gar nicht erwarten, ein in seiner Geltung territorial abgrenzbares einheitliches „hellenistisches“ Recht anzutreffen, nicht einmal in Ägypten. Man wird von vornherein damit rechnen müssen, in den Quellen verschiedener Orte jeweils auch besondere historische Gemengelagen vorzufinden. Die griechischen Urkunden aus verschiedenen Regionen Ägyptens erfordern eine andere Betrachtung als jene aus Dura-Europos im Euphrattal oder aus dem Wadi Murabba^{c}at in Palästina. Die Schwäche der Annahme, es gebe ein einheitliches griechisches Recht zumindest der klassischen Epoche, setzt sich konsequent fort: Welches griechische Recht soll denn nun bei der Analyse des Hellenischen in die jeweilige Analyse des „Griechischen“ aus den Quellen herangezogen werden? Allzufrüh müssen dabei vielleicht Hypothesen eingesetzt werden, wie sie die Literatur von L. Mitteis (um 1900) bis heute beherrschen. Die These um die Herkunft des Geschlechtsvormundes für die Frau in Ägypten aus dem griechischen Recht muß z.B. jene griechischen Rechte ignorieren, die diese Art der Vormundschaft über die Frau nicht kennen; und sie muß vorweg zumindest den Einfluß Roms verneinen. Eine weitere Schwierigkeit ist, daß wir die politischen und ökonomischen Kräfte, die die Erscheinungen bewirken, die wir in den Urkunden vorfinden, nur in groben Umrissen kennen. Während z.B. Gaudemet in seinen Institutions de l’antiquité die Wirkkräfte nur ganz allgemein beschreibt, auf die Folgerungen für die Rechtspraxis kaum eingeht, beschreibt Taubenschlag in zahlreichen Untersuchungen die Erscheinungen der Praxis, entwirft prekäre Hypothesen aus der Struktur der Einrichtungen, dringt aber nicht zu den politisch-ökonomischen Wirkkräften vor. Am ehesten kann heute die Methode etwa bei H. J. Wolff überzeugen, freilich sind seine Untersuchungen auf das Justizwesen der Ptolemäerzeit beschränkt.

Der hellenistische Staat: Eines der Themen, bei dem die Anknüpfung an Griechenland gerade sehr wenig zählt und bei dem die Beschreibung der neuen Staatswesen allein für sich von Interesse ist, ist der hellenistische Staat.

Alexander war von Hause aus zunächst makedonischer Heerkönig und Strategos (Heerführer) des Korinthischen Bundes. Mit seinem Siegeszug nach Ägypten trat er dort als neuer Pharao auf und ursurpierte damit erstmals Züge eines absoluten Herrschers. Nach der Niederlage des persischen Großkönigs Dareios nahm er als dessen Nachfolger auch die Vorrechte eines absoluten orientalischen Herrschers in Anspruch. Die Symbolik der Herrschaft, die daraus folgt, wird später noch einmal von den römischen Kaisern übernommen werden als sie dem Orient begegnen: Stirnreif, Purpurgewand, Fußfall, Hofzeremoniell u.a.m. Manche Untersuchungen dazu zeigen die Probleme schon in ihren Titeln, so etwa Hampl, Der König der Makedonen (1934), oder V. Ehrenberg, Alexander und Ägypten (1965), oder Taeger, Alexanders Gottköniggedanke, in: La regalità sacra (1959).

Die Erben Alexanders treten in seine absolute Machtposition ein, nicht nur im Seleukiden- oder Ptolemäerreich, sondern auch auf dem Boden Griechenlands und in jenen Staaten, die sich in Kleinasien vom Seleukidenreich abspalten. Als später die römischen Kaiser geradezu Nachfolger der Herrscher im Vorderen Orient und in Ägypten werden, erwerben sie dort eine von ihrer Position in Rom abgehobene eigene Stellung, von der aus wieder sie ihre Herrschaft in Rom zu reformieren trachten. Die absolute Herrschaft der hellenistischen Herrscher verkörpert sich geradezu im Testament, mit dem diese Herrscher über ihre Herrschaft verfügen und sie auf diese Weise am Ende ihrer Epoche auf Rom übertragen. Die wenig differenzierte Darstellung, die sich bei Alexander noch aus der Kürze der Herrschaft und aus der Situation des dauernden Umbruchs ergibt, erweitert sich nicht wesentlich, wenn über zwei Jahrhunderte Herrschaftsform bei den Seleukiden berichtet wird. Nur die politische Doktrin wird deutlicher faßbar.

In der Darstellung der Verwaltungs- und Gerichtsorganisation zeigt sich jedoch wenigstens für Ägypten und die Ptolemäer ein genaueres Bild. Wenn von den hellenistischen Monarchien die Rede ist, wird insoweit zumeist auch nur das ptolemäische Ägypten dargestellt. Von ihr wissen wir Dank der reichen Quellen viel, während über die Verwaltung der Seleukiden kaum eine Aussage zu wagen ist. Aber nicht nur die Quellen für das Ptolemäerreich sind reicher, wir kennen auch besser den beibehaltenen Stand der vorptolemäischen Zeit, während wir insoweit kaum viel und Detailliertes von der vorseleukidischen persischen Verwaltung im Vorderen Orient wissen. Auf der anderen Seite wird in Ägypten die heimische Ordnung später auch noch römisch überlagert, während wir aus dem Vorderen Orient kaum Ansätze zur Erkenntnis der römischen Provinzialstatute finden, bis Rom endlich im 3. Jahrhundert n.Chr. seine eigene Einheitsverwaltung einführt. Nicht einmal von den vielzitierten hellenistischen Städten Syriens und Palästinas wissen wir genaueres.

Die ptolemäische Administration in Ägypten kennt den König (Basileus) an der Spitze des Staates und seinen Verwalter (Dioiketen) an der Spitze der Verwaltung. Unter ihm stehen die Gaupräfekten, eine alte Einrichtung Ägyptens, die nun Strategoi (Heerführer) genannt werden. Die Selbstverwaltung der großen Tempel, die nach wie vor kleine Staaten im Staat bilden, bleibt erhalten. Die auf die besondere Ökonomie des Landes am Nil zugeschnittene Finanzverwaltung wird nur wenig verändert; ihr Katastersystem für das Bodenrecht bleibt bestehen, Tarife und Monopole des Staates bleiben erhalten und Königsdomänen finden sich wie einst im pharaonischen Ägypten. Die lokale Verwaltung umfaßt ein bürokratisches System bis hinunter zum kleinsten Dorf. Eine Besonderheit bildet die Verwaltung der zum Teil autonomen Städte: Alexandrien, Ptolemais und Naukratis – uralte Griechenstädte –, Theben und Memphis – ägyptische Kapitalen –; ebenso die Verwaltung der großen Tempel.

Das Justizwesen der Ptolemäer zeigt uns zunächst einmal den Basileus als Richter im Königsgericht. Dort geht es um Fragen der Staatssicherheit und um Fragen der Fiskalordnung wie uns das ein umfangreicher Papyrus, nach seinem Thema als Revenue-Papyrus („Einkünfte-Papyrus") bezeichnet, zeigt. Der König ist weiter aus seiner absoluten Herrschaft heraus Oberherr über alle andere Gerichtsbarkeit, was sich darin zeigt, daß er darin Machtspruch und Gnadenerweis setzen kann. Chrematisten werden die delegierten königlichen Richter genannt; ihre Zuständigkeit ist noch weithin unklar; vielleicht verkörpern sie den letztlich unausgeführten königlichen Anspruch, allgemein die Zuständigkeiten der überkommenen und beibehaltenen autonomen Gerichte zu übernehmen. Solche autonomen Gerichte finden sich in den Standesgerichten der Priesterkollegien, den Ethnarchen der alexandrinischen Juden, den vorptolemäischen Dikasterien des griechisch besiedelten Landes (Chora), den griechischen Stadtgerichten, den ebenfalls alten Gerichten der ägyptischen Laokriten des Landes, den unerforschten Einrichtungen der „Persai tes Epigones“ und den gemischten Gerichten bei Streitigkeiten zwischen Personen verschiedener Personalzuständigkeit. Man kann sich vorstellen, wie sich diese schon verwirrende Vielfalt erhöhte, als die ebenfalls personal organisierte römische Gerichtsbarkeit mit ihren Einrichtungen hinzukam. Da alle diese Gerichte in Privatsachen, abgesehen von neuem Königsrecht, auch materiell nach „ihrem“ Recht, d.h. nach dem für die Personen ihrer Zuständigkeit anwendbaren Recht urteilten, nämlich nach ägyptischem, jüdischem, lokal griechisch-hellenistischem Recht, später auch römischem Recht, wird auch gleich die Fülle der materiellen Rechtsordnungen sichtbar, die uns begegnen muß.

3. Das Privatrecht auf dem Boden der hellenistischen Staaten

Suchen wir nach Zügen hellenistischen Privatrechts, so wenden wir uns erneut Ägypten zu, das noch den besten Einblick in das, was man hellenistisches Privatrecht nennen kann, bietet. Der Grund liegt zum einen in der Quellenlage durch die Papyrusfunde im trockenen, bewahrenden Sand, zum anderen in der – wenngleich bescheidenen – Möglichkeit, was griechisch-hellenistisch genannt werden kann, von parallel überlieferten anderen Ordnungen abzuheben.

Die Papyrusstaude bot den idealen Beschreibstoff für Aufzeichnungen von rechtlicher Bedeutung. In einem heißen, trockenen Klima blieben solche Aufzeichnungen erhalten, auch wenn sie mit dem Schutt der Zivilisation vergraben wurden. Die Erhaltung ganzer, geschlossener Familienarchive läßt uns über Generationen hinweg

Entwicklungen in Rechtsverhältnissen verfolgen. Personen und Objekte werden in ihrem rechtlichen Bezug sichtbar. Mindestens 50 solcher Archive sind uns aus ptolemäischer Zeit bekannt, aus Theben, aus dem Gebelen, aus der Oase Faiyum. Das Zenon-Archiv aus der Oase Faiyum z.B. bietet in etwa 2000 Urkunden Einblick in die Geschäftsführung der Wirtschaft einer großen Familie. Daneben finden sich Amtsarchive und Tempelarchive, die einen ähnlich geschlossenen Einblick gewähren. Die ägyptischen Ausgrabungen sind Gegenstand vieler Sachbuch- oder Romandarstellungen. Schatzfunde oder Funde monumentaler Bauwerke und Denkmäler stehen dabei im Mittelpunkt des Interesses, allenfalls noch Inschriften auf Stelen und in Königsgräbern. Die Papyrologie ist demgegenüber fast unbeachtet, aber mindestens ebenso interessant, auch wenn sie eher von der Lebensgeschichte des „kleinen Mannes" im Alltag berichtet.

Das privatrechtlich interessante Material ist dadurch gekennzeichnet, daß es von Geschäften und Prozessen, von Abgaben und Steuerquittungen, von letztwilligen Verfügungen und familienrechtlich bedeutsamen Akten berichtet. Nur ganz wenige Normen, Gesetze oder andere obrigkeitliche Anordnungen, finden sich darunter (etwa der Pap Hal 1, Pap Petr III und der Pap Tebt I 5) und schon gar nicht juristische Abhandlungen oder auch nur einzelne juristische Erwägungen zum Recht, das galt. Das erschwert es erheblich, ein bestimmtes objektives Recht zu erfassen, das in unserem modernen Sinne gegolten hat und angewandt wurde. Ein skeptischer Papyrologe hat einmal gemeint, man könne aus „Nähmädchenrechnungen" keine Rechtsordnung erschließen. Man kann, auch wenn es etwas schwerer fällt. Dafür wird man nicht in der Gefahr stehen – ein Vorwurf, der zum römischen Recht gemacht wird – ein literarisches Recht

1 Fragmenta Vaticana

2 Wachstäfelchen aus Pompeji. Ein Schuldanerkenntnis

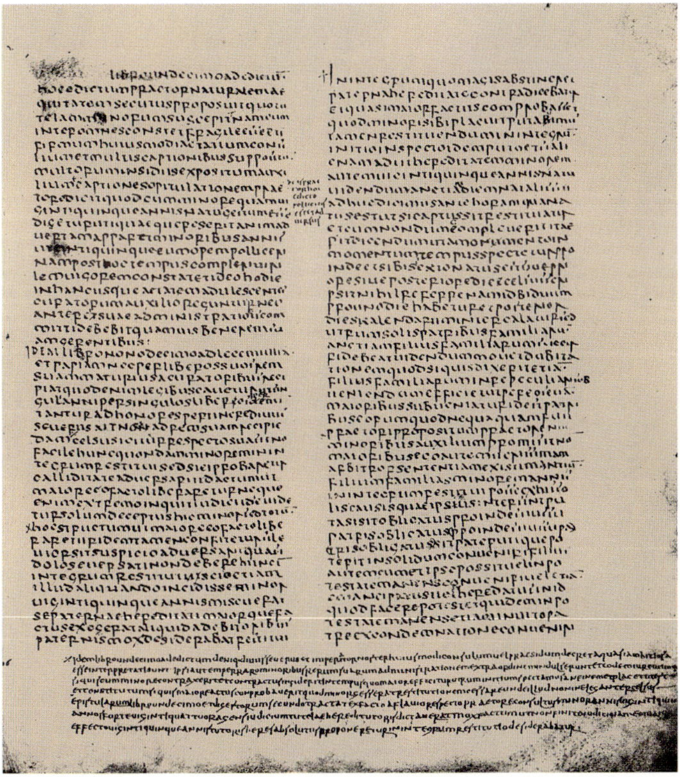

3 Seite aus dem Codex Florentinus

4 Steinmauer in Gortyn (Kreta)

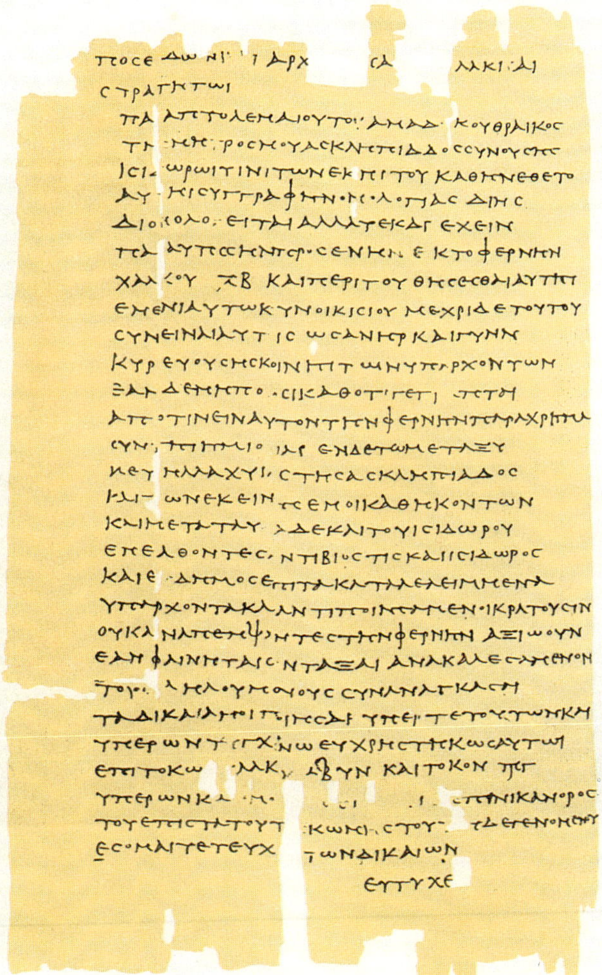

5 Papyrus grecs du Louvre Nr. 13

6 Relief an den Außenmauern des Tempels in Karnak

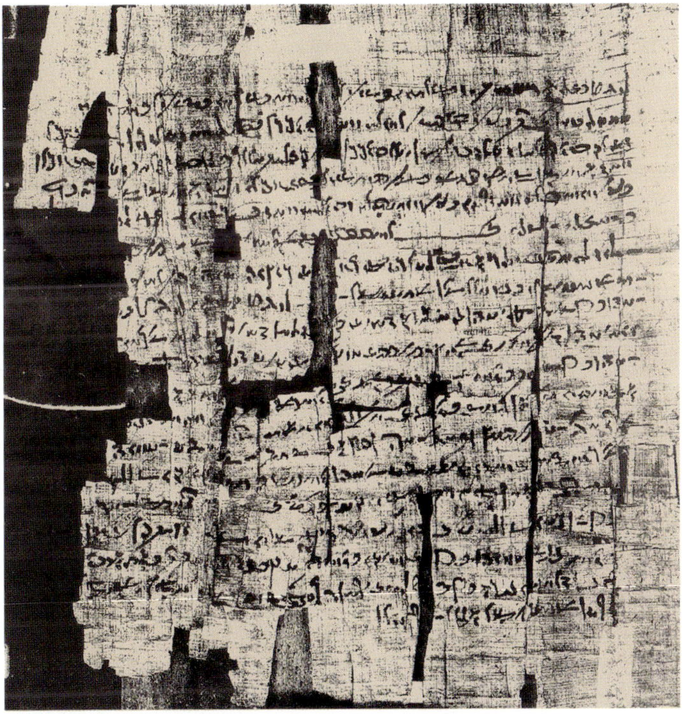

7 Papyrus dem. Straßburg Nr. 9

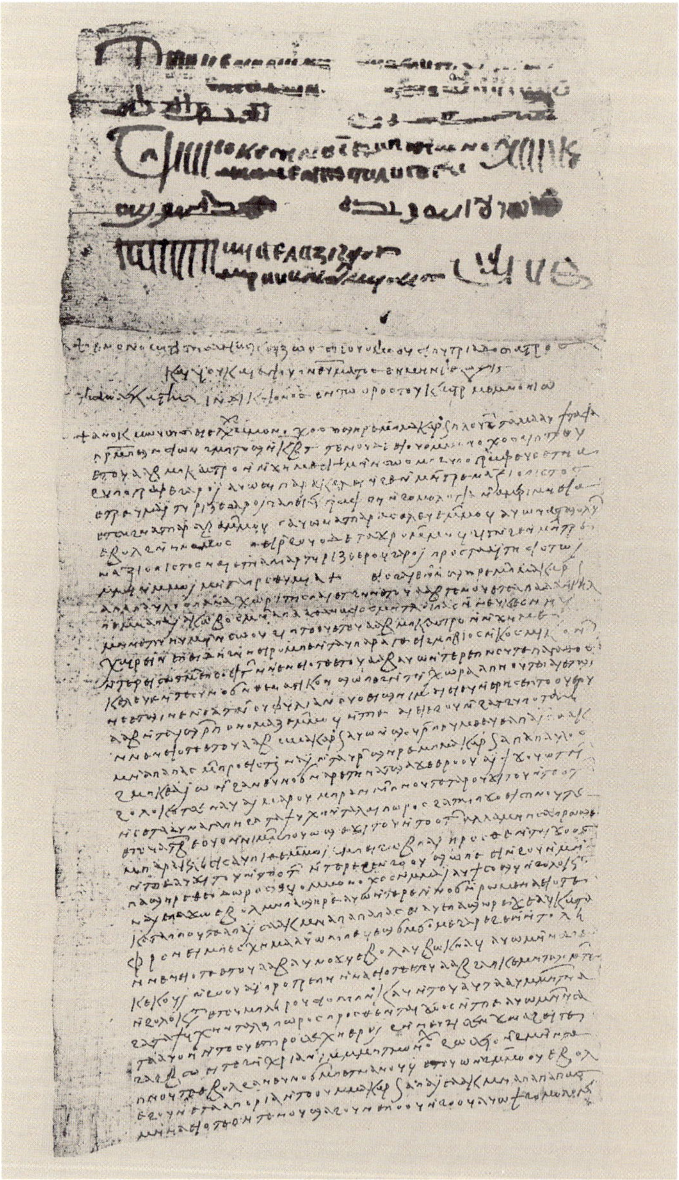

8 Koptische Urkunde. Freistellung von Ansprüchen

9 Codex Hammurabi, Basaltstele

10 Kopie des Staatsvertrages zwischen Ramses II und Hattusili III

11 Ostraka (Tonscherben) aus der Festung Masada

12 Aus einer Handschrift aus Mardin in der Osttürkei
„Kanones für klösterliche Gemeinschaften“

zu behandeln, das am Ende in der Praxis des Alltags keine Rolle spielte.

Die Papyrologie, wie die Wissenschaft von der Beschäftigung mit den Papyri genannt wird, ist kaum hundert Jahre alt. Und sie befaßt sich nicht nur mit griechisch geschriebenen Papyri. Manche sind hebräisch, aramäisch, syrisch, arabisch, koptisch (christlich-ägyptisch), hieratisch, demotisch (heimisch-ägyptisch) oder lateinisch geschrieben. Und ihre Inhalte gehen über rechtlich bedeutsames Material weit hinaus. Vor allem aber reicht die Zeit, in denen sie entstehen, über viele Jahrhunderte, bis zum 7. Jahrhundert n.Chr. – arabische und koptische Papyri finden sich auch später noch –, und damit über viele Rechtskulturen. Noch immer werden ältere Funde herausgegeben und noch immer werden neue Funde gemacht. Jede Bestandsaufnahme ist daher höchst vorübergehend und stets in den einschlägigen Fachzeitschriften weiter zu verfolgen.

Die Kenntnis vom angenommenen hellenistischen Recht, das sich aus diesen Papyri ergibt, umfaßt mittlerweile alle Bereiche des Privatrechts. Raphael Taubenschlag hat ein ganzes Leben der Auswertung der griechischen Papyri gewidmet. Und wenn man die in seinen Opera Minora Band II (Warschau 1959) zusammengestellten Aufsätze nach Art einer Lehrdarstellung gliedert, gewinnt man geradezu ein „hellenistisches Privatrecht" Ägyptens. Hier soll nun nicht der Stand dieser Disziplin wiedergegeben werden. Er hat sich übrigens seit Taubenschlag – im Detail – erheblich weiterentwickelt. Es genügt für die vorliegende Darstellung, zu wissen, auf welchen Gebieten überall Erkenntnisse gewonnen worden sind. So gibt es sicher auch unter den Ptolemäern eine „Sklaverei", wobei erst die Details der Unterwerfung ein genaueres Bild geben. Es gibt „Familie" mit allen rechtlichen Implikationen in Eheversprechen, Eheschließung und Ehescheidung, Ehegüterverwaltung, Kindschaft, Adoption und Vormundschaft. Wegen des begrenzten Bodens im Niltal gab es schon immer ein gut ausgestaltetes „Bodenrecht"; wie die neuen ptolemäischen Herrschaftsformen über Grund und Boden aber zu verstehen sind, ist eine noch zu klärende Frage. Geschäfte des Alltags wie Kauf, Miete, Pacht, Werkvertrag und Gesellschaft erscheinen in den Urkunden. Aber wie so oft ist das eigentlich Hellenistische daran schwer auszumachen. Es gibt Darlehen, Verwahrung, Leihe, Treuhand und im Sicherungsbereich das Pfand. Auch hier ist selbst Taubenschlag nicht sicher gewesen, die gemischten Ordnungen richtig zu sondern. Seine Arbeitstitel lassen das zumeist auch schon erkennen, wenn sie angeben, gräko-ägyptisches Recht, gräko-römisches oder einfach Recht der Papyri darzustellen. Am ehesten durfte man sicher sein, im ethnisch bestimmten Familien- und Erbrecht unter „Griechen" hellenistisches Recht zu finden. Die ganze Schwierigkeit, eine geschlossene „ägyptische" Rechtsgeschichte in dieser Weise aufzulösen, wird unmittelbar deutlich.

4. Hellenismus und Römerzeit in Ägypten

Die Rechtsverhältnisse in Ägypten werden seit der augusteischen Zeit durch die römische Herrschaft beeinflußt. Das betrifft zunächst einmal das staats- und verwaltungsrechtliche Gefüge. Ägypten wird seit dem 1. Jahrhundert n.Chr. zu einer weiteren, aber in besonderer Weise verwalteten Provinz Roms. Die neuen Herren passen hier die überkommene Ordnung ihren Zielen an. Sie schaffen keine neue Ordnung. Mit Rom kommen jedoch auch Römer als Bewohner Ägyptens, für die eigene, personal zuständige Gerichte geschaffen werden und mit denen deshalb auch römische Privatrechtspraxis in Ägypten eindringt. Die Einrichtung der

Bürgerrechtsverleihung verbreitert die Zuständigkeit dieser römischen Gerichte ständig.

Die allgemeine Bürgerrechtsverleihung der Constitutio Antoniniana vom Jahre 212 n.Chr. brachte nahezu allen Reichsbewohnern den Status von Römern, damit die allgemeine Gerichtszuständigkeit römischer Gerichte und folgerichtig die Unterwerfung unter römisches Recht. Warum leben nun die alten Rechtseinrichtungen dennoch weiter? Die Papyri berichten uns lediglich von der Tatsache, daß sie es tun. Den tatsächlichen oder rechtlichen Grund haben wir noch nicht hinreichend erforscht. Eines ist zumindest sicher: Menschen „leben" in der Antike in ihren Familien nach Traditionen, nicht nach ihnen meist unbekannten Rechtsnormen, schon gar nicht nach Normen aus fremden Kulturkreisen. Es konnte nur geschehen, daß im Streitfalle das römische Gericht einen Lebenssachverhalt, etwa das Zusammenleben von Mann und Frau, anders qualifizierte als die Parteien nach ihren heimischen Vorstellungen, etwa eine „ungeschriebene Ehe" für einen Konkubinat, nicht für eine rechte Ehe hielt. Man scheint diese Unsicherheit, ohne Reflexion darüber, getragen zu haben.

5. Hellenistisches Privatrecht im Vorderen Orient

Wie bereits angedeutet, ist die Quellenlage im Vorderen Orient dürftiger als in Ägypten. Die Literatur ist dementsprechend spärlich, genauere Einsichten sind allenfalls thematisch und räumlich punktuell genauer. Methodisch müssen wir uns nun gänzlich von dem Versuch verabschieden, den Urkunden mit bestimmten Vorstellungen von Hellenismus näherzutreten. Man wird sie einfach beschreiben.

Aus den wenigen, dem Hellenismus zuzuordnenden Urkunden ragen die Papyri und Pergamente aus Dura-Europos im mittleren Euphrattal heraus. Schon die Datierung der Funde von der Zeit Alexanders des Großen bis zum Jahr 254 n.Chr. läßt ahnen, daß die Probleme der Sonderung der Rechtsschichten (hellenistisch-heimisch-römisch) auftauchen werden. Hier sei als Beispiel Pap. Dura 5 hervorgehoben. Er bietet ein griechisch geschriebenes Intestaterbgesetz, dessen Anwendungsbereich ungeklärt ist, vielleicht nur die Vererbung des an Soldaten zur Nutzung überlassenen Königsbodens regelt. Bemerkenswert ist auch ein Sklavenverkauf aus 243 n.Chr. in syrischer Sprache, aufgezeichnet in Edessa, abgeschlossen zwischen einem römischen Soldaten und der Witwe eines römischen Soldaten, beide mit römischen Namen, und geformt nach dem Edikt der römischen Marktmagistrate. Bislang gibt es zu diesen Funden mehr Fragen als Antworten.

Die weiter von Taubenschlag angeführten Funde kommen, soweit sie den Vorderen Orient betreffen, aus Syrien und Palästina, sonst aus Nordafrika, Kurdistan, Persien und Kleinasien. Die Datierung, die Namen der Beteiligten und die Sprache der Urkunde erlauben, einen obrigkeitlichen Befehl in einer Urkunde aus Syrien als Beleg für „seleukidisches" Recht zu zitieren.

Eine bedeutsame Fundstelle für Rechtsurkunden ist seit 1947 das Gebiet am Nordwestufer des Toten Meeres, das Wadi Qumran, Khirbet Mird, das Wadi Murabba^{c}at. Die Funde an diesen Orten und ähnliche neue Funde im Vorderen Orient wurden von Elisabeth Koffmahn als jüdische Papyri bezeichnet, weil sie aus jüdischer Tradition stammen. Offen bleibt damit aber immer noch der Rechtskreis, dem sie zuzuordnen sind. Man wird sie m.E. mehreren Rechtskreisen zuordnen müssen, nicht nur wegen der Sprachen, in denen sie geschrieben sind – Hebräisch, Reichsaramäisch, Griechisch, Nabatäisch –, sondern auch wegen der römischen und griechischen Namen der beteiligten Personen und wegen ihres Inhalts. In der Zeit, aus der die Urkunden stammen,

55 n.Chr. – 135 n.Chr., könnten z.B. die drei griechisch geschriebenen Urkunden aus Murabba^{c}at, trotz der jüdischen Parteien, aus dem städtisch-hellenistischen Bereich stammen. Erst eine größere Zahl von Zeugnissen wird Aussagen über den Kulturkontakt ermöglichen, den wir für diese Zeit und diesen Raum erwägen können. Vielleicht geben zu erwartende Editionen bessere Einsichten.

Griechisch geschriebene Rechtsurkunden, die vielleicht hellenistischem Recht zuzuordnen sind, begegnen auch in Quellen, die wir längst kennen, dem römischen Recht. So wie ganz allgemein den römischen Juristen Geschäftsformulare zur Auslegung unterbreitet wurden, dürften ihnen nach der Öffnung des Reiches in den Osten auch griechisch geschriebene Formulare unterbreitet worden sein. Dabei können es durchaus Römer gewesen sein, die in der Provinz, wie etwa in unserem Beispiel aus Dura-Europos, Verträge in griechischer Sprache schlossen. Beispiele haben wir einige aus den Digesten, etwa aus D 16,3,26,1, wo dem römischen Juristen eine griechische Parakatatheke (Verwahrung) unterbreitet wird. Wir wissen nicht, woher der Fall stammt; der Einfluß griechischen Rechts ist hier jedoch nicht zu leugnen. Nicht aber nur die klassischen, privat respondierenden Juristen wurden mit derartigen, dem römischen Recht fremden Erscheinungen konfrontiert, sondern auch die kaiserliche Kanzlei. So finden wir in C 8,46,6 den Vortrag einer sicher griechischen, von Rom nicht anerkannten Apokeryxis (Kindesverstoßung). Und eine andere Quelle römischen Rechts, das Syrisch-Römische Rechtsbuch, deren Ursprung wir wahrscheinlich im Vorderen Orient suchen dürfen, bietet in reichem Maße ähnliche Erscheinungen, die ihren Ursprung auch einmal in hellenistischen Vorstellungen haben könnten.

Zeittafel zur Griechisch-hellenistischen Rechtsgeschichte

9./8.Jh.v.Chr.	Homerische Zeit
um 621 v.Chr.	Reformen des Drakon in Athen
Beginn des 6. Jh.v.Chr.	Reformen des Solon in Athen
6.–4. Jh.v.Chr.	Klassische Zeit der Stadtstaaten
478/477 v.Chr.	Delisch-attischer Bund
5. Jh.v.Chr.	Gesetzesinschrift von Gortyn auf Kreta
4. Jh.v.Chr.	Breite Emigration aus Griechenland
378/377 v.Chr.	Zweiter attischer Bund
338 v.Chr.	Schlacht von Chaironeia und makedonische Dominanz
333 v.Chr.	Alexander und der Korinthische Bund besiegen die Perser bei Issos
323 v.Chr.	Tod Alexanders in Babylon
148/147 v.Chr.	Makedonien römische Provinz
64/63 v.Chr.	Ende der Seleukidenherrschaft in Syrien
31/30 v.Chr.	Ende der Ptolemäerherrschaft in Ägypten
27 v.Chr.	Achaia römische Provinz
212 n.Chr.	Römisches Bürgerrecht für nahezu alle Bewohner des römischen Reiches

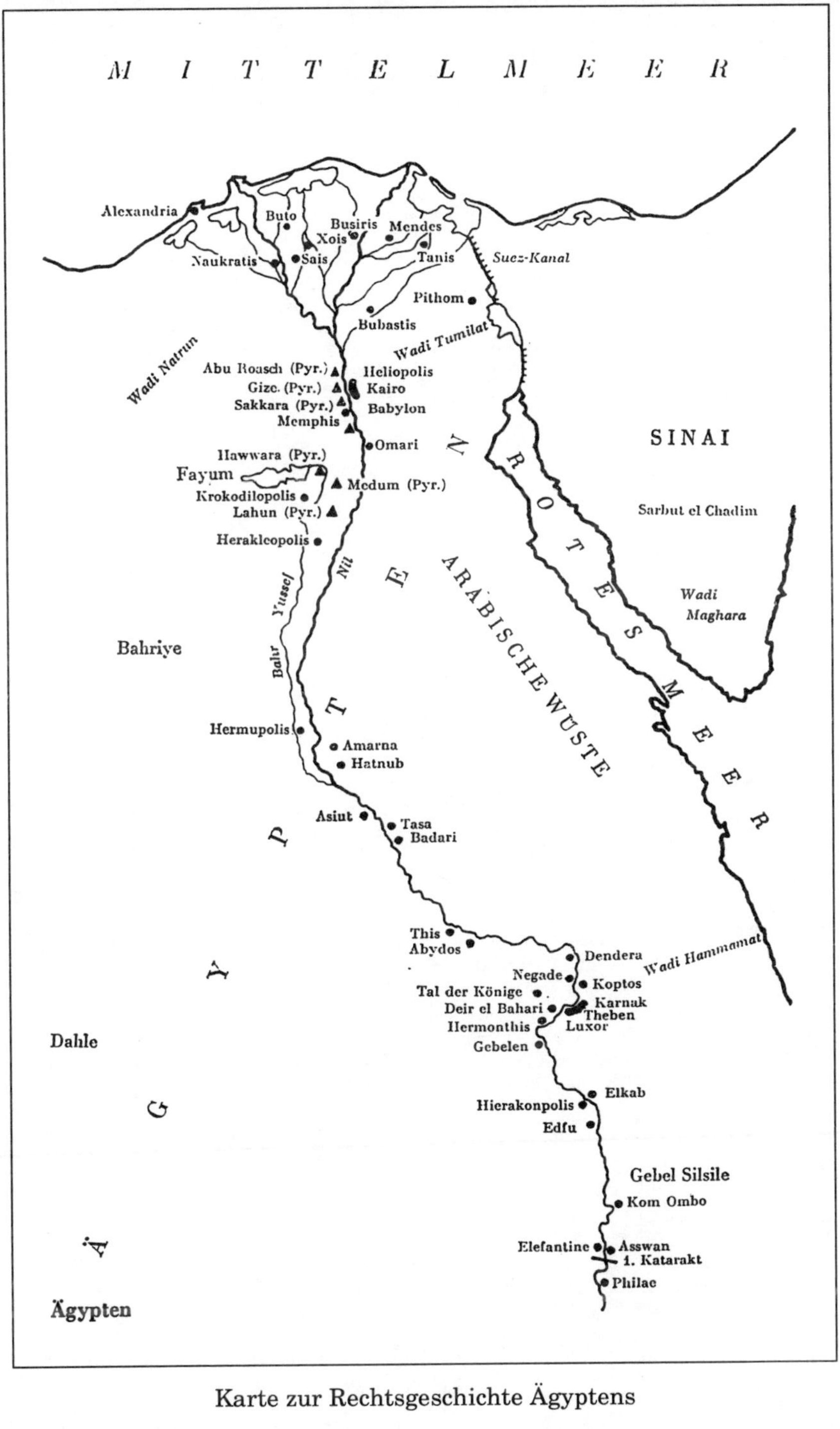

Karte zur Rechtsgeschichte Ägyptens

V. Die Rechtsgeschichte Ägyptens

1. Der Raum

Sieht man auf eine historische oder eine heutige Landkarte Ägyptens, so gewinnt man den Eindruck, als könne man eine besondere Entwicklung Ägyptens, unbeeinflußt von außen, darstellen. Zeigt sich doch das Niltal als Siedlungsgebiet abgeschlossen, durch das Mittelmeer im Norden, im übrigen durch weite Wüstengebiete. Schon in den ältesten Zeiten gab es jedoch Beziehungen zum Vorderen Orient und zu Mesopotamien. Sie haben ihre Spuren auf ägyptischem Boden und im Vorderen Orient, ja sogar in Kleinasien hinterlassen. Und vom Meer her kam eine frühe griechische Kolonisation. Die Israeliten wieder erscheinen als frühe „Fremdarbeiter" (vgl. Deuteronomium 26,5–6), bis ein Großteil von ihnen sich nach Osten auf den Weg in das Gelobte Land macht. Persische, lybische und jüdische Söldner werden ins Land gerufen und bleiben. Eroberer aus allen Himmelsrichtungen kommen ungerufen.

Vor allem aber wird gerade Ägypten zum Raum, in dem sich drei höher entwickelte Rechtskulturen großflächig und umfassend überlagern, wie wir es zur Rechtsgeschichte Griechenlands und Roms in Ägypten bereits angedeutet finden. Mit Alexander und nach ihm mit den Ptolemäern beginnt die hellenistische Zeit. Mit Augustus dringt die römische Rechtskultur in Ägypten ein.

So wird es eigentlich nicht möglich sein, eine ägyptische Rechtsgeschichte zu schreiben, eher eine Rechtsgeschichte Ägyptens, zu deren Teil die griechisch-hellenistische und die römische Rechtsgeschichte geworden sind, so wie dann seit dem 2. Jahrhundert die christliche und seit dem 7. Jahrhundert die islamische Welt ihren Einfluß zeigt. Das bedeutet für die Darstellung, daß bis zum Alexanderzug eine Schicht heimisch-ägyptischen Rechts dargestellt wird, fremde Einflüsse aber als Randerscheinungen dargestellt werden. In der Folgezeit wird zwar noch das fortbestehende heimisch-ägyptische Recht aus den jeweiligen Überlagerungen hervorgehoben werden; so wenig es aber möglich ist, Hellenistisches und Römisches klar von einer alten ägyptischen Tradition abzuheben, wird es umgekehrt möglich sein, Heimisches zwischen dem Neuen stets noch klar zu erkennen. Die Sprache könnte hier – im Demotischen und später im Koptischen – noch die beste Anleitung sein.

2. Die Gliederung der Geschichte nach Epochen

Die ägyptische Geschichte bis zum Alexanderzug wird üblicherweise nach Dynastien gegliedert, die von dem ägyptischen Geschichtsschreiber Manetho stammt. Sein um 280 v.Chr. griechisch geschriebenes Werk ist zwar nicht im Original, aber doch in wesentlichen Auszügen erhalten. Manetho kennt 30 Dynastien; bei seiner Einteilung dürfte er ältere Vorbilder gehabt haben, denn der Turiner Königspapyrus aus der Zeit Ramses des II. (13. Jahrhundert v.Chr.) gliedert bis zu seiner Zeit in ähnlicher Weise.

Folgen wir der Gliederung bei Manetho, so finden wir das älteste Reich in der 1. und 2. Dynastie, der Thinitenzeit, von etwa 3000 v.Chr. bis 2778 v.Chr. Es folgt das Alte Reich der 3. bis 6. Dynastie, das bis 2263 v.Chr. reicht. Die 7. bis 9. Dynastie der Herakleopoliden umfaßt eine Epoche des Reichsverfalls bis etwa 2040 v.Chr. Das wieder geeinte Mittlere Reich mit seinem Zentrum in Theben ist von der 10. bis 12. Dynastie getragen und endet um 1786 v.Chr. Es folgt eine weitere Zwischenzeit, jetzt einer orientalischen Fremdherrschaft, die Zeit der Hyksos, bis 1562 v.Chr. mit der 17. Dynastie gezählt.

Das Neue Reich der 18. bis 20. Dynastie nennt Namen, die dem Ägyptenreisenden bereits bekannter sind: Amenophis (I–IV), Thutmosis (I–IV), Hatschepsut, Nofretete, Echnaton (Amenophis IV), Ramses (I–XI), Tutanchamun. Diese Epoche reicht bis 1085 v.Chr. Es folgt die Spätzeit der 21. bis 30., oft parallel gezählten, Dynastien. Fremde Herrscher aus Lybien, aus Äthiopien, aus Assyrien, aus Persien erscheinen, kleine Stadtkönige und theokratische Priesterherrschaften können sich etablieren. Die Spätzeit endet mit dem Alexanderzug nach der Niederlage des Perserkönigs Dareios III.

Trotz aller Anknüpfung an die ägyptische Tradition bedeutet die Herrschaft der Ptolemäer eine völlig neue Zeit. Die Dominanz des Griechischen ist unverkennbar. Rom zeigt seinen Einfluß später ebenfalls, aber eher als langsame Überlagerung, die sich, als im 6. Jahrhundert Ostrom (Byzanz) seinen politischen Einfluß verliert, als wenig nachhaltig erweist. In der Rechtsliteratur, wie sie die griechisch-orthodoxe Kirche und die koptische Kirche vermitteln, taucht zwar Byzanz indirekt noch einmal auf, reale Bedeutung für das Rechtsleben Ägyptens unter dem Islam hat diese Literatur wohl nicht gewonnen.

3. Die Quellen der Rechtsgeschichte Ägyptens

Die Beschreibstoffe: Auch in Ägypten geben die Steine als solche keine Rechtsgeschichte preis; literarisch gewonnene Erkenntnisse lassen sich allenfalls durch sie stützen. Die Schrift und dabei die Beschreibstoffe interessieren daher den Rechtshistoriker vornehmlich. Alle älteren Zeugnisse finden sich als Inschriften auf Steinen oder auf Tontafeln oder – eher für alltägliche Aufzeichnungen – auf Tonscherben (Ostraka). Tontafeln wurden in getrocknetem Zustand Grundlage für eingeritzte Schrift. Weiter erscheinen Elfenbein, Leder, Holz und Metalle als Beschreibstoffe. Das Mark der Papyrusstaude liefert den wohl verbreitetsten Beschreibstoff. In der jüngsten Zeit tauchen dann auch Pergament und Papier auf.

Sprachen und Schriften: Die Sprache der überlieferten Texte ist bis zur Ptolemäerzeit zumeist das Ägyptische, mit Dialektunterschieden zwischen Ober- und Unterägypten. Die jüdische Garnison in Elephantine bietet uns Urkunden in Reichsaramäisch. Und die Al-Amarna-Tafeln führen uns zu den orientalischen Keilschriftsprachen. In ptolemäischer Zeit verdrängt oder überlagert das Griechische, besonders im Rechtsbereich, das Ägyptische. Und in römischer Zeit konkurriert das Lateinische mit dem Griechischen. Am Ende der hier betrachteten Zeit stehen das Koptische und das Arabische.

Die Schrift, in der die Texte in ägyptischer Sprache überliefert sind, wandelt sich im Laufe der Zeit. Am Anfang steht eine Schrift mit bildhaften Zeichen. Aus den Bildern werden dann phonetisch, als Lautwert, zu lesende bildhafte Zeichen; wir nennen sie mit den Griechen Hieroglyphen (heilige Zeichen). Diese Bildzeichen sind die Schrift der monumentalen Darstellungen auf Stelen, Wänden von Grabkammern und Obelisken. Im praktischen Gebrauch des Alltags, mit Pinsel und Farbe auf Ton, Papyrus, Leder oder Steinsplittern aufgetragen, wird diese Schrift kursiv gestaltet (hieratische, d.h. heilige Schrift) und damit flüssiger zu schreiben, so wie sich noch heute die Druck- von der Schreibschrift unterscheidet. Doch tritt mit dieser hieratischen Schrift noch kein Wandel von der Bild- zur Buchstabenschrift ein, was die Verwendung im Alltag erheblich erschwert. Etwa von 700 v.Chr. an begegnen uns Alltagstexte in einer noch kursiveren, kürzeren Volksschrift, in Demotisch, – ein Ausdruck, der zugleich die ägyptische Sprache bezeichnet –, die noch immer der Textverbreitung große Schwierigkeiten bereitet. Dabei bleibt es auch für die ägyptische Sprache, bis man in der späten Kunstschrift des Christlich-Koptischen – vorwiegend dem Griechischen der Zeit entsprechend, mit einigen erfundenen Zusatzzeichen – eine adäquate Buchstaben-Schrift für das heimische Idiom findet. Es ist leicht zu erkennen, daß schon vorher gegenüber der heimischen Schrift die griechische und lateinische Buchstabenschrift das ungleich bessere Mittel zur geschriebenen Textvermittlung war. Doch wurden diese Schriften nicht für die ägyptische Sprache verwendet.

Die Art der Quellen: Große Gesetzeswerke oder umfassende Werke der Jurisprudenz, aus denen man die Rechtsordnung irgendeiner Epoche erschließen könnte, fehlen. Dominant sind Urkunden über rechtliche Vorgänge allerlei Art, Rechenschaftsberichte, völkerrechtliche Verträge, Steuerlisten, Briefe und Dienstinstruktionen. Die Schwierigkeiten, aus diesem Material Bilder einer Rechtsordnung zu zeichnen, sind immens. Erst eine gewisse Dichte der Zufallsfunde erlaubte präzisere Aussagen zu einer Gesamtordnung auch nur eines Teilbereiches der Staatsverwaltung, der Familienordnung, des Bodenrechts oder des Geschäftslebens.

4. Das Recht der verschiedenen Epochen bis zur Ptolemäerzeit

Bis zum Ende des Neuen Reiches (1085 v.Chr.): Es gibt noch heute keine Möglichkeit, aus den vorhandenen Quellen eine auch nur ungefähr instruktive Gesamtdarstellung der rechtlichen Verhältnisse dieser Epoche zu geben. Sehr beschränkte, punktuelle Einsichten sind alles, was wir gewinnen können. Und hier liegt auch der große Unterschied zum Orient. Dort kommen immer mehr Gesetzeswerke zutage und zwar für die gleichen Zeiten des 3. und 2. Jahrtausends v.Chr. Aus Ägypten kennen wir dergleichen nicht. Der antike Historiker Diodor (Siculus) berichtet im 1. Jahrhundert v.Chr. in seiner „Historischen Bibliothek“ (I 75) immerhin von einem ägyptischen Prozeß, bei dem den Richtern Gesetze vorlagen, die in acht Büchern (Buchrollen) aufgezeichnet gewesen seien. Gefunden wurde von solchen Gesetzen jedoch bislang nichts. Das gesamte Quellenmaterial für die Epoche betrug im Jahre 1939 etwa 120 Texte, Staats- und Geschäftsurkunden. Bis heute ist manches aus Ausgrabungen hinzugekommen. Dabei dominiert das Neue Reich mit hieratischen Ostraka und Papyri.

Trotz des kargen Materials haben es Pirenne (ab 1932) und Seidl (1939) unternommen, Gesamtdarstellungen zu geben. Der Versuch von Seidl war dabei ein Tageserfordernis. Als in der Zeit des Nationalsozialismus das Römische Recht aus dem Unterricht verbannt und – wie mancherorts heute wieder – eine allgemeine Antike Rechtsgeschichte an dessen Stelle treten sollte, mußte das neue Fach mit etwas Gewalt geschaffen werden. Anbetrachts der Quellenlage war der Ägyptologe mit seinem Teil am schnellsten fertig.

Gibt es auch kein Gesamtbild, so können wir doch ausbreiten, was wir von den Rechtseinrichtungen Ägyptens, besonders zum Ende des 2. Jahrtausends, heute schon wissen. Staatsverträge mit orientalischen Herrschern geben uns ein Bild vom Selbstverständnis des Herrschers, vom Instrumentar der Streitbeendigung zwischen Staaten und von Garantien der Vertragsdurchsetzung. Kataloge von Strafbestimmungen sind uns erhalten, Prozeßurkunden, Landschenkungen, Steuerdokumente, Pachturkunden, Vereinsregeln, Urkunden zu Tempelrecht und Tempelgericht, Geschäfte des Alltags wie Kauf, Tausch, Miete, Darlehen, Dienstleistung, familienrechtliche Verträge wie Adoptionen und Ehegüterverträge, Erbrechtsakte, dabei Verfügungen von Todes wegen, Treuhand und Testamentsvollstreckung, Grundherrschaft und daraus resultierende Abhängigkeiten, Gottesurteile u.a.m.

Einige konkrete Beispiele sollen aus der Unverbindlichkeit einer bloßen Aufzählung herausführen.

Im 13. Jahrhundert reichte der Einfluß Ägyptens über mehr oder weniger beständige Abhängigkeiten von Lokalfürsten bis in den nordsyrischen Raum und traf dort auf die Interessen des Hethiterreiches. Eine Schlacht von Kadesch, 1285 v.Chr., brachte keine letzte Entscheidung. So einigten sich die Kontrahenten, der Ägypter Ramses II und der Hethiter Hattusili III im Friedensvertrag von 1270 v.Chr. auf eine Abgrenzung der Einflußsphären. Ein Bericht darüber nennt zwei Silbertafeln, auf denen die Originalausfertigungen des Vertrags zu finden waren. Sie sind im Original verloren. Aber Abschriften sind erhalten, aus der unglaublichen Gunst der Funde eine hethitische und eine ägyptische Version desselben Vertrages. Die hethitische Version wurde in Kleinasien in babylonischer Sprache gefunden. Die ägyptische Version findet sich auf einer Stele in Karnak, der großen Tempelanlage im Norden von Theben/Luxor, in Hieroglyphen. Die seltene Vergleichsmöglichkeit gibt einen interessanten Einblick: Die Herrscher dürften den Vertragstext für das eigene Volk leicht beschönigend redigiert haben, um sich jeweils als die wahren Sieger darzustellen.

Jeder Tourist besucht die Totenstadt auf dem Westufer des Nils gegenüber Theben/Luxor. Die Arbeiter, die in der Ramessidenzeit an der Nekropole (Totenstadt) beschäftigt waren, lebten in einer nahegelegten Siedlung (heute Deir el-Medineh). Aus dieser Siedlung sind Rechtsurkunden erhalten, die einen Einblick in das Rechtsleben einer geschlossenen Gemeinschaft geben.

Man erfährt vor allem etwas über die gerichtliche Streitentscheidung und über das Verfahren des Gottesurteils, über außergerichtliche Streitbeendigung, über eidliche Versprechen, doch auch materiell über Eigentum an Grund und Boden, über Strafen und Bußen, über Schriftlichkeit und Rechtsverkehr.

Ein Papyrus Wilbour (1928/1929 erst aufgetaucht), nach seinem Erwerber so genannt, ist eine schon äußerlich imposante Quelle. Eine mehr als 10 m lange Schriftrolle aus der Zeit Ramses' V gibt Auskunft über Grundherrschaften, Tempelwirtschaften und Abgaben über einen 140 km langen Gebietsstreifen in Mittelägypten. Der Papyrus ist das Ergebnis der Arbeit einer altägyptischen Landvermessungskommission. Noch länger ist der Pap Harris aus Theben, mit 40,5 m Länge, eine Liste von Zuwendungen, die Ramses III den Tempeln des Landes machte.

Ein Jurist, der Probleme des Kaufes erörtert, stößt notwendigerweise, nämlich von der Sache her diktiert, auf das Problem, was zu geschehen hat, wenn eine fremde, dem Verkäufer nicht gehörende Sache verkauft worden ist. Urkunden aus der Ramessidenzeit zeigen uns, wie alt eigentlich unsere heutigen Modelle der Lösung des Problems sind: Der Eigentümer erhält seine Sache wieder; im Konflikt mit dem Käufer werden seine Interessen auf jeden Fall vorgezogen. Der Käufer aber läßt sich vom Verkäufer schon beim Kauf eine Garantie geben, daß es keinen Dritten geben werde, der als Eigentümer „hinter“ dem erworbenen Gegenstand steht und Ansprüche geltend macht, die zur Wegnahme (Eviktion) führen. Diese Garantie führt zur Haftung des Verkäufers ohne Rücksicht auf seine Kenntnis oder Unkenntnis vom Mangel seines Rechts.

Die Al-Amarna-Briefe im besonderen: Seit dem Jahre 1887 wurden in dem Ort Al-Amarna, aus der Residenz des Pharao Echnaton, der als Revolutionär und Religionsneuerer bekannt ist, zahlreiche Texte auf Tontafeln gefunden, die mit drei Ausnahmen in babylonisch-assyrischer Sprache verfaßt sind. Die Geschichte der Funde, ihres Erwerbs, ihrer Sicherung und leider teilweise auch ihres Verlustes ist abenteuerlich. Heute sind die Tafeln über alle Welt verteilt.

Die Tafeln enthalten fast ausschließlich Briefe. Dabei handelt es sich zum Teil um Königsbriefe, deren Originale von Ägypten aus an selbständige Könige der Reiche von Babylon und Arzawa gerichtet waren, ein Archiv der Abschriften also. Die meisten der Briefe aber sind empfangene Briefe, also Originale von selbständigen Königen der Reiche von Babylon, Arzawa, Assur, Mitanni, Alasia und Hatti (Hethiter) oder Briefe von abhängigen Fürsten im Vorderen Orient, aber auch von Dienern und von Frauen. Ihr Adressat war der König oder Personen an seinem Hof. Insgesamt sind 337 Briefe oder Fragmente davon erhalten.

Die Urkunden zeugen nicht nur von politischen Beziehungen, sondern sind auch bedeutsame Rechtsquellen. Berichten sie doch von rechtlich organisierten Abhängigkeiten, die wir heute dem Völkerrecht zuordnen würden, von Staatsverträgen, von Tauschgeschäften über Waren, von Brautwerbung und Brautpreis u.a.m. Die Auswertung unter rechtlichen Gesichtspunkten steht noch aus.

Die Saiten- und Perserzeit bis zu Alexander: Der Rechtshistoriker Seidl hat seiner Darstellung zum altägyptischen Recht eine weitere zur Saiten- und Perserzeit folgen lassen, obwohl nun der pädagogische Anlaß der Zeit von 1939 weggefallen war. Auch diese Darstellung war eigentlich verfrüht, wenn man den Entwicklungsstand der Forschung betrachtet. Erst in der Mitte unseres Jahrhunderts schaffte nämlich der sowjetische

Forscher Malinin den Durchbruch bei der Entzifferung der hieratischen Texte. Die Quellen sind nun zwar zahlreicher als im Neuen Reich. Aber auch in dieser Epoche fehlen die großen Gesetzgebungswerke. Berichte, daß es sie gegeben habe, sind zwar bei Diodor und in der sogenannten „Demotischen Chronik“ erhalten, die Texte aber sind nicht überliefert. So bleiben uns erneut Geschäftsurkunden aus Familienarchiven als vornehmliches Erkenntnismaterial.

Für die staatsrechtlichen Verhältnisse fehlt es – von einigen Quellen zur Finanzverwaltung oder Tempelverwaltung abgesehen – völlig an Material. Ähnlich steht es mit der Gerichtsorganisation und dem Prozeßrecht. Allenfalls kann man die in den Quellen vorkommenden Beamtentitel analysieren. Die besten Einzelzeugnisse der Zeit sind eine umfangreiche hieratische Adoptionsurkunde (in der Sammlung TUAT I 221 ff. nachzulesen), eine frühdemotische Pachturkunde (TUAT I 225 ff.) und eine demotische Vereinsatzung (TUAT I 232 ff.).

Die Urkunde aus TUAT I 221 ff. (ein hieratischer Papyrus aus Theben, heute im Ashmolean Museum in Oxford) gibt ein gutes Bild vom Familienleben um 1110 v.Chr.: Ein kinderloser Ägypter, Neb-Nefer, adoptierte („Er hat mich für sich zu seiner Tochter gemacht“) seine Ehefrau, um seine Brüder vom Erbe auszuschließen. Jahre später – so die gleiche Urkunde – lassen beide die drei Kinder einer gekauften Dienerin frei, als der Stallmeister Pa-di das älteste dieser Kinder zu seiner Frau machte; Pa-di aber wird adoptiert („Ich mache ihn für mich heute zum Sohn genauso wie sie“). Die danach verwitwete Ehefrau aber setzt schließlich alle vier, Pa-di und die drei Kinder, zu gleichen Teilen zu Erben ein.

Die hieratische Urkunde aus TUAT I 225 ff. (ein Papyrus aus Theben, heute in den staatlichen Museen in Berlin) dokumentiert den Rückzug einer Pachtkündigung: Der Grundherr widerruft die Erklärung „Ich werde dich nicht mehr pflügen lassen“ auf Anraten seiner Frau. Die Urkunde soll als „Zeugnis“ vor einem Verwalter dienen, der hauptberuflich in der Rechnungsverwaltung eines Tempels beschäftigt ist.

Die Urkunde aus TUAT I 232 ff. (ein demotischer Papyrus aus dem Gau Arsinoites, 223 v.Chr.) gibt die beschlossenen Regeln eines Kultvereins wieder: Es geht um Beiträge, kultische Teilnahmepflichten, Beleidigung und andere Vergehen gegen Mitglieder, Diebstahl im Tempel, Prozeßhilfe für Mitglieder, vor allem aber um die Ausrichtung des Begräbnisses für Mitglieder und deren Familienangehörige.

Seidl hat sich wohl auch wegen der spärlichen Belege eher einer Urkundenlehre gewidmet, in der die Form der Urkunden, ihre Schreiber, Zeugen und Unterschriften analysiert werden. Immerhin kann man den Geschäftsurkunden insgesamt entnehmen, daß es persönliche Abhängigkeiten nach Art einer Sklaverei, Rechtsmacht des Hausvaters über seine Kinder, Privateigentum an Grund und Boden, aber auch Bodenleihe, Vertragsstrafen, Geldgeschäfte, Realsicherungen, Kauf, Tausch, Pacht, Gesellschaften, Ehegüterverträge und Adoptionen gab. Weit führt diese Erkenntnis aber in ihrer Allgemeinheit noch nicht. Eine Lehre von den Einrichtungen zu entwickeln, erlaubt sie nicht.

5. Die aramäischen Elephantine-Papyri im besonderen

Im 5. Jahrhundert v.Chr. existierte auf der Nilinsel Elephantine im Süden Ägyptens eine Grenzgarnison mit fremden Söldnern. Unter diesen Söldnern befand sich neben Beduinen, Griechen und Persern eine größere Zahl von Juden samt ihren Familien. Dabei handelte es sich nicht um Emigranten, die sich innerlich von ihrer Herkunft gelöst hatten. Befindet sich doch unter den Urkunden auch eine, die auf eine Verbindung zu Jerusalem schließen läßt.

Wieder zeigt sich eine eher abenteuerliche Fundgeschichte. Kurz vor 1900 wurden Urkunden aufgefunden, die zur genannten Garnison in Elephantine gehörten. A. Cowley und der berühmte Ausgräber C. E. Wilbour erlangten davon je ungefähr die Hälfte. Cowley publizierte seine Hälfte im Jahre 1923 und wertete sie ohne Rücksicht auf die noch ausstehende andere Hälfte aus. Wilbour „versteckte“ seinen Teil; er verstarb, ohne die Urkunden auch nur publiziert zu haben. Erst als seine Tochter sie 1947 dem Brooklyn Museum schenkte, wurden sie wieder zugänglich und 1953 von Kraeling publiziert.

Die Urkunden sind Papyri. Ihre Sprache ist Reichsaramäisch, die lingua franca („freie Sprache“, wie heute das Englische) des Perserreiches. Enthalten sind in den Urkunden – Familienarchive der jüdischen Söldner – Geschäftsakte, wie sie in Familien vorkommen. Insgesamt sind sie thematisch so breit gestreut, daß der Romanist und Orientalist Reuven Yaron versucht war, sie nach Art eines Privatrechtssystems darzustellen. Es soll das System hier nicht im Auszug wiedergegeben werden, zumal die Systembildung nicht ohne Einwände geblieben ist. An Hand eines der Archive, des Mivtachiah-Archivs, aber kann der Betrachter in die Welt einer der jüdischen Familien eingeführt werden. Wir finden Baurecht, Ehegüterrecht, Erbteilungen, Miete eines Hauses, Anspruchsverzicht, Eheschließung und Ehescheidung. Die Rechtsordnung, die uns in den Urkunden begegnet, zeigt jüdische Rechtsvorstellungen; der Ehevertrag bei der Eheschließung ist eine jüdische Kethuba, die Scheidung folgt der jüdischen Verstoßung, die Erbfolge und die Schenkung von Todes wegen sind jüdisch. Freilich finden sich auch Besonderheiten, die auf andere Rechtsordnungen hinweisen. Die Paramone-Klausel findet sich sonst in gräko-ägyptischen Papyri späterer Zeit, die Landveräußerung hat Parallelen in demotischen Papyri, z.B. Pap Ryl I aus 643 v.Chr.; die Schlußklauseln mancher Urkunden spiegeln griechische Vorstellungen. Und das unkaschierte Zinsennehmen durch Juden fällt sicher aus dem Rahmen jüdischen Rechts.

Der Titel des Buches von Yaron (Law of the Aramaic Papyri) läßt den Gedanken anklingen, daß es sonst keine aramäischen Papyri gegeben habe. Dem widerspricht schon der nicht lokalisierbare Pap Meissner aus dem Jahre 515 v.Chr. Im Vorderen Orient aber werden uns zahlreiche weitere aramäische Dokumente aus neueren Funden begegnen, welche vielleicht das Bild von der Verbreitung der aramäischen Sprache verändern und neue Einsichten gewinnen lassen.

6. Instruktionen eines persischen Oberbeamten

Die Fremdherrschaft der Perser in der 27./30. Dynastie in der Zeit zwischen der Eroberung Ägyptens durch Kambyses und der Niederlage des Dareios III hat wahrscheinlich ein Dokument persischer Herkunft hinterlassen. Auf Leder geschrieben ist in reichsaramäischer Sprache die Dienstanweisung eines persischen Oberbeamten erhalten geblieben. Sie stammt aus dem 5. Jahrhundert v.Chr. Ihr Ursprungsort ist so wenig auszumachen wie ihr Adressat. Insgesamt handelt es sich um 13 Briefe, die noch nicht allzu lange bekannt sind.

7. Ägypten in der Zeit der Ptolemäer und der Römer

Vom Standpunkt des Erforschers des Hellenismus aus ist das Ptolemäerreich Gegenstand der griechisch-hellenistischen Rechtsgeschichte. Die vorhandene heimische, ägyptische Rechtsordnung wird aber durch das Neue nur überlagert. Im Dorfgericht und im Tempelgericht zumindest setzt sich die ägyptische Rechtsgeschichte fort. Weiterhin werden demotische Urkunden errichtet, bleibt die ägyptische Schreibertradition erhalten. Das hängt mit der personalen Zuständigkeit der Gerichte zusammen, vor denen wie in allen Ordnungen der Antike kein fremdes Recht angewandt wird, sondern ausschließlich heimisches. Gerade die neuere Forschung hat das zur Genüge dargetan.

Die heimische Tradition setzt sich auch noch in römischer Zeit fort; galt doch das Prinzip der Personalität der Rechtsordnung weiter. Nur für Römer waren die römischen Gerichte zuständig. Die heimischen und die neuen ptolemäischen Gerichte bestanden in der Vielfalt personaler Zuständigkeiten fort. Wir können diesen Befund am Archiv einer ägyptischen Priesterfamilie verfolgen, das vom 2. Jahrhundert v.Chr. bis zur byzantinischen Zeit reicht. Es zeigt demotisch, griechisch und zweisprachig geschriebene Urkunden in der gesamten Zeit des Bestandes. Die römische Bürgerrechtsverleihung im Jahre 212 n.Chr. (Constitutio Antoniniana) änderte anscheinend nichts an der Tradition.

8. Die Kopten

Das Wort „Kopten“ begegnet uns in der Rechtsgeschichte in zwei verwandten, aber doch zu trennenden Bereichen. Zum einen geht es um die „Kopten“ als heimische ägyptische Bevölkerung, eine verkürzende Bezeichnung durch die Griechen als Aigyptioi. Sie treten uns in der gräko-ägyptisch-römisch-byzantinischen Welt Ägyptens als die autochthone (eingeborene) Bevölkerung gegenüber. Ihre Quellen sind Gegenstand der Erforschung eines „Koptischen Rechts“, von dem sogleich die Rede sein wird. Zugleich aber bezeichnet das Wort „Kopten“ ungefähr dieselbe Bevölkerungsschicht als Anhänger der monophysitischen Kirche Ägyptens, die sich im 6. Jahrhundert n.Chr., im Verlauf der christologischen Streitigkeiten, von der Reichskirche abspaltete. Die Quellen der koptischen Kirche sind Gegenstand der Erforschung orientalischen Kirchenrechts. Hier soll nur vom ersten Bereich die Rede sein.

Koptische Urkunden: Wir treffen in der Zeit vom 6. bis zum 10. Jahrhundert n.Chr. auf Urkunden aus Ägypten, die in einer Schrift geschrieben sind, die wir als koptisch bezeichnen. Es handelt sich um eine Kunstschrift, die zum größeren Teil dem Griechischen der Zeit entsprach, um für die heimische ägyptische Sprache erstmals eine handliche Schreibschrift zu gewinnen. Die demotische Schrift war nämlich nie zu einer Buchstaben-Schreibschrift entwickelt worden. Die heimische Sprache nennen wir nun ebenfalls Koptisch, wobei manches dafür spricht, daß es einen unmittelbaren Anschluß an das Demotische als Sprache gibt. Die Frage ist umstritten. Beschreibstoffe sind in dieser Zeit Papyri, Tonscherben und Steine.

Koptisches Recht: Die Frage ist wie bei der Sprache gestellt: Gibt es einen unmittelbaren Anschluß des koptischen an das demotische Recht? Einstweilen muß es noch bei einer Bestandsaufnahme bleiben. Vielleicht läßt sich die Frage in der Zukunft einmal beantworten. Die Urkundentradition wird von Schreiberschulen, von Dorfschreibern und von Beamten gepflegt. Einblick in die Urkundenpraxis gewinnen wir besonders über zwei Klosterarchive aus der Nähe von Theben/Luxor. Dabei ist es nicht verwunderlich, daß speziell klösterliche Angelegenheiten die Thematik der Urkunden bestimmen. Und doch zeigen sich auch hier noch Anklänge an ägyptische Traditionen. Im Personenrecht z.B. begegnen uns Kinderschenkungen. Man denkt an die altägyptische Hierodulie, zugleich aber an die im gesamten Orient verbreitete christliche Einrichtung, Kinder dem Kloster zu „schenken“ und dadurch dem geistlichen Stand zu weihen. In den Abttestamenten, die ein treuhänderisches Privateigentum des Abtes am Kloster zu zeigen scheinen, wenn der Abt das Kloster an einen Nachfolger vererbt, d.h. durch die Erbeinsetzung einen Nachfolger bestimmt, begegnet uns vielleicht das christliche Eigenkloster, vielleicht aber auch eine noch ältere Tradition aus Ägypten oder aus den Philosophenschulen Griechenlands. In den Mönchstestamenten wird das byzantinische Recht absoluter Vermögenslosigkeit der Mönche ignoriert. Im Ehegüterrecht lassen sich die Abreden über Mitgift und Eheschenkung nicht einer bestimmten Rechtsordnung zuordnen; wohl aber weisen die speziellen Klauseln über das „Jahr des Essens" auf bekannte Formeln aus demotischen Verträgen hin.

Mit dem 7. Jahrhundert n.Chr. sind die Quellen bereits in einer Zeit und Unwelt islamisch-arabischer Oberherrschaft zu lesen. Der Prozeß im autonomen Bereich der christlich-koptischen Gemeinde hebt sich damit völlig von der bisherigen staatlichen Gerichtsorganisation ab.

Die Forschung läßt noch kein Gesamtbild erkennen; so sei auch hier nur ein Ausschnitt wiedergegeben. Gerade im Bereich der Erforschung des Demotischen und des Koptischen ist freilich der Kreis der Forscher sehr klein geworden. Es bleibt zu hoffen, daß nicht eines Tages beide Disziplinen untergehen.

Zeittafel zur Rechtsgeschichte Ägyptens

um 1562 v.Chr.(?)	Beginn des Neuen Reiches
1362–1340 (?)	Amenophis IV (Echnaton)
1285 v.Chr.	Schlacht von Kadesch (Hethiter gegen Ägypter)
1270 v.Chr.	Friedensvertrag zwischen, Hattusili III und Ramses II
1085 v.Chr.	Beginn der Saiten- und Perserzeit
950–730 v.Chr.	Dynastie der Bubastiden
525–404 v.Chr.	1. Perserzeit
341–332 v.Chr.	2. Perserzeit
332 v.Chr.	Alexander in Ägypten
323 v.Chr.	Ptolemaios Lagos Nachfolger Alexanders in Ägypten
31/30 v.Chr.	Ende der Ptolemäerherrschaft durch Rom
619–629 n.Chr.	Ende der römisch-byzantinischen Herrschaft durch die Perser
639-642 n.Chr.	Machtübernahme durch die Araber

VI. Rechtsgeschichte des Alten Orients

1. Einleitung zur Altorientalistik

Bezeichnungen für die Altorientalistik: Vor einem Jahrhundert sprach man schlechthin von einem einheitlichen altorientalischen Recht. Einen sachlichen Grund für diese Annahme gab es nicht. Die damals noch kargen Quellen und eher dürftigen Kenntnisse von der Geschichte, der sie zu verdanken waren, ließen zunächst die Keilschrift als einigendes Band hervortreten. Noch 1914 kannte Kohler in seiner Allgemeinen Rechtsgeschichte nur zwei orientalische Kulturrechte, das sumerisch-babylonische und das assyrische. Seither ist das Bild nach reichen Funden und immer besseren Erkenntnissen viel differenzierter geworden. Es gibt danach jedenfalls kein einheitliches altorientalisches Recht. Die zahlreichen Rechtskulturen, auf die wir mit immer neuen Quellen stoßen, sind in der Arbeitshypothese zunächst einmal voneinander getrennt zu sehen, ihre geschichtliche Abfolge, Begegnung oder gar Abhängigkeit voneinander ist erst zu erforschen. Ob dabei Sprachen und Schriften verschieden oder gemeinsam sind, scheint dabei sekundär zu sein.

Oft findet man die Bezeichnung „Keilschriftkunde". Denn die Schrift der altorientalischen Kulturen ist, sieht man vom Hieroglyphenhethitischen ab, die Keilschrift. Doch muß man auch dazu bemerken, daß es diese Keilschrift als einheitliche Schrift nicht gibt. Einmal finden sich Wortzeichen, einmal Silbenschreibung und gelegentlich ist beides gemischt. Dazu gibt es eine Entwicklung der Zeichen im Laufe der Zeit, eine Individualität der Schreiber und am Ende für das Ugaritische und für das Altpersische noch ein keilalphabetisches System.

Die ältere gemeinsame Bezeichnung als „Assyriolo-

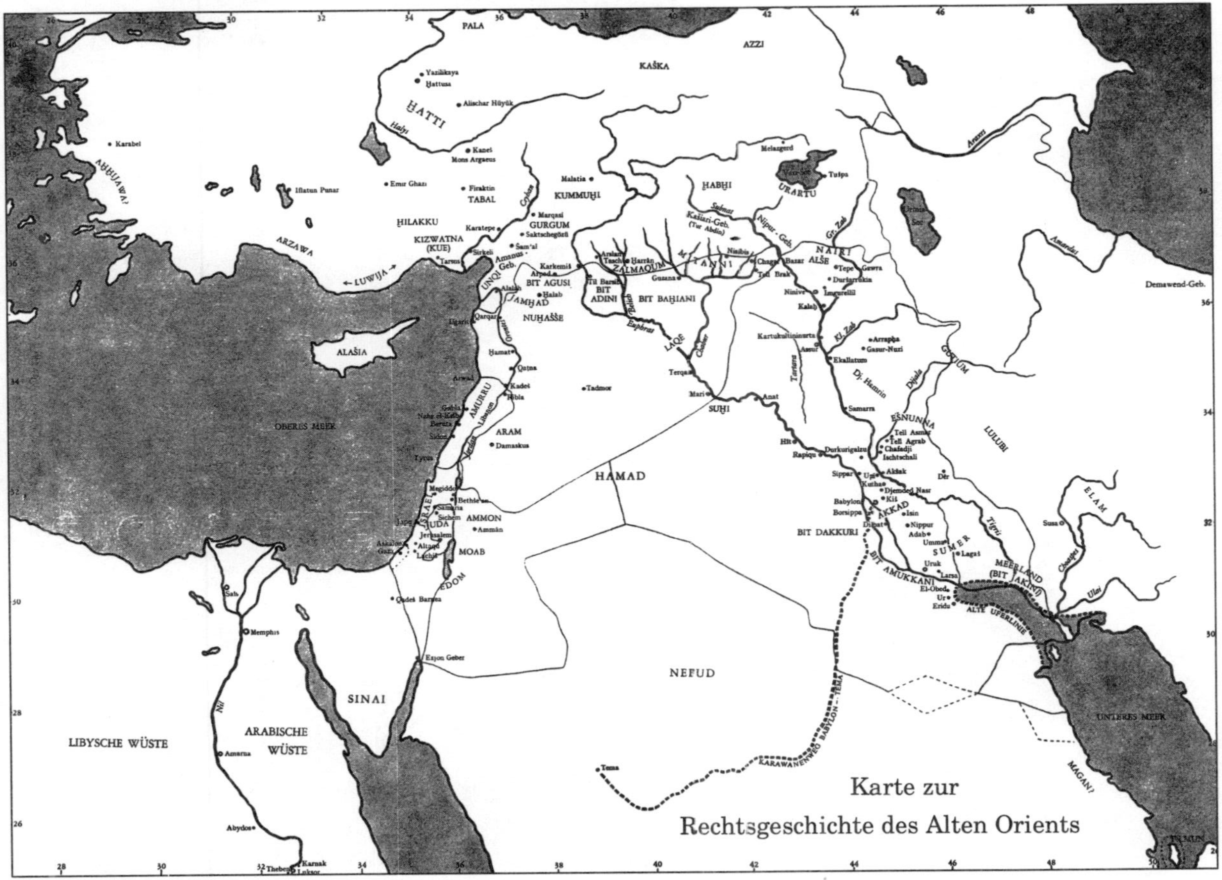

Karte zur Rechtsgeschichte des Alten Orients

gie“ führt längst in die Irre. Sie orientierte sich an den ersten Funden und an Assur im Zentrum früher Ausgrabungen. Noch 1932 freilich wurde das „Reallexikon der Assyriologie“ begründet, das sich, gleichermaßen mit Assyrien, Sumer, Babylonien, Hatti und anderen Staaten Vorderasiens befaßt. Die Altorientalistik hat heute jedenfalls viele solcher Zentren außerhalb von Assur gefunden, ältere und jüngere, wie wir bald sehen werden. Und manche Forschungsbereiche, wie die Hethitologie oder die Aramaistik, rechnen sich nicht einmal mehr zur Altorientalistik im engeren Sinne.

Abgrenzungen: Noch zu Beginn unseres Jahrhunderts gehörte die Ägyptologie zur Altorientalistik. Sie wurde wegen der gänzlich anderen Hieroglyphenschrift als eigene Disziplin ausgegrenzt. Doch wissen wir mittlerweile, daß es eine Hieroglyphenschrift auch im Hethitischen gibt und daß sich Keilschriftzeugnisse auch in Ägypten, in den Al-Amarna-Tafeln, finden. Ausgegrenzt wurde traditionell auch die Judaistik; sie galt als Disziplin jüdischer Theologie und Rechtswissenschaft, die sich speziell mit religiösen Texten, mit dem Alten Testament, mit der Mischna und den Talmuden beschäftigte. Doch kann die Judaistik nicht von ihrer jeweils zeitgleichen orientalischen Umwelt getrennt werden. Eine moderne Sammlung von „Texten aus dem Umfeld des Alten Testaments“ (TUAT) zeigt das ganz deutlich. Auch die Sprache ist kein trennendes Kriterium. Reichsaramäische Texte gibt es aus jüdischen Kolonien Ägyptens wie aus transjordanischen Aramäerstaaten. Und die Geschichte dieser Staaten ist im Spannungsfeld zwischen Hatti, Mitanni und Ägypten keine andere als die Geschichte Israels. Ausgegrenzt wurde zunächst auch Südarabien, wo das Sabäische eine besondere Rolle spielte. Die fortschreitende Geschichte der Funde ist hier wie sonst eine Geschichte der ständigen Revision von ersten Annahmen.

Forschungsgeschichte: Assur und Assyrien standen am Anfang der Geschichte der Forschung im Zweistromland (griechisch Mesopotamien, aramäisch Abr Nahrain), wie man die Region nach den sie beherrschenden zwei Flüssen Euphrat und Tigris nennt. Es folgen Babylonien und das Land Sumer. Von dort aus lagen die Forschungen zu Elam (Susa) und die Indogermanistik nahe. Von der Sprache ausgehend, folgte auf das Sumerische das Akkadische. Als ein eigenes Idiom zwischen dem Babylonischen und dem Assyrischen erwies sich das Emaritische. Im Nordosten, in Kleinasien, entdeckte man das Hethitische. Im Norden Armeniens, am Van-See, stieß man auf die Urartäer, eine vorarmenische Kultur. Im vorderasiatischen Raum wieder begegnete man den Phönikern und Kanaanäern. Und im Süden fand man das Land der Königin von Saba. Damit sind nur die größeren Forschungsgebiete bezeichnet, beileibe nicht alle. Und immer neue werden entdeckt. Wer auf der großen Autostraße von Aleppo nach Süden fährt, passiert z.B. das gerade ausgegrabene Ebla, und im staatlichen Museum von Aleppo kann er einen mehr als 4000 Jahre alten Vertrag zwischen dem Stadtstaat Ebla und einer noch unbekannten Nachbarstadt bewundern.

Es gibt heute viele, der Allgemeinheit leicht zugängliche Reiseberichte der ersten Ausgräber. Abenteurer und archäologische Amateure haben sie geschrieben. Die Berichte professionell arbeitender Orientalisten finden sich in einschlägigen, dem Laien kaum bekannten Fachzeitschriften. Die spektakulären Funde an Statuen, Bauten und Schätzen sind heute weniger geworden. Und Textfunde auf Keilschrifttafeln oder Inschriften auf Stelen, Figuren und Wänden, erschließen sich dem Laien selbst in Übersetzungen schwerer. Gerade diese Texte aber sind häufig Rechtstexte oder Texte, die rechtliche Einrichtungen spiegeln. Einer dieser Texte, eine Art Gesetzbuch, ist berühmt geworden und in unsere Schulbücher gelangt, der babylonische Codex des Hammurabi. Es ist ein Epigonenwerk, wie wir heute wissen. Viel bedeutendere, ältere „Gesetzbücher" sind bereits bekannt und ausgewertet.

Der zeitliche Rahmen: Die älteste, in Bauwerken und Schriftzeugnissen faßbare geschichtliche Epoche ist die Uruk-Zeit, von ca. 3000 v.Chr. ab zu rechnen. Die jüngsten, in Betracht zu ziehenden Zeugnisse, stammen aus der Zeit der Seleukiden, von denen uns noch das Neue Testament berichtet. Wollte man eine exakte Zeittafel aufstellen, um dem Leser eine Übersicht zu geben, so hätte man große Schwierigkeiten. Das Land Sumer ist eine geschichtliche Größe und nicht allzuschwer einer bestimmten Zeit zuzuordnen. Das Sumerische aber ist eine systemtragende Keilschriftsprache, die – wie unser Latein – noch lange nach dem Untergang des Landes fortwirkt. Auch eine Zeit-Gliederung nach Völkern macht Schwierigkeiten; soll man sie nach ihren Herrschern einordnen oder nach den Beherrschten? Und welches Volk war im letzten Falle jeweils kulturell bestimmend? Die folgenden Überschriften werden damit für den Rechtshistoriker zu hilfreichen Stichworten ohne Verbindlichkeit.

2. Sumer

Sumer ist der babylonische Namen für das spätere Südbabylonien, das Zweistromland südlich des heutigen Bagdad. Dabei ist bei einem Blick auf eine moderne Landkarte zu bedenken, daß vor 5000 Jahren das Meer noch weit über das heutige Basra hinaus in das Land hineinreichte. Die Sumerer als Volk kamen aus Persien und ihre Sprache ist vielleicht eine indogermanische, jedenfalls keine semitische Sprache. Aus der Literatur seien hier vorweg die Teildichtungen zu einem späteren akkadischen Sammelepos erwähnt, dem Gilgamesch-Epos. Man darf annehmen, daß die schon in den älteren Teildichtungen enthaltene Darstellung einer Sintflut Gemeingut des Alten Orients wurde, die uns dann im wesentlich später verfaßten Alten Testament nicht überrascht.

Die frühsumerische Zeit (bis etwa 2350 v.Chr.): Die Quellen aus frühsumerischer Zeit, deren Ende mit Sargon, 2350 v.Chr., anzunehmen ist, berichten von einem Kreis verbündeter Stadtstaaten, deren Namen wir kennen; Ur, das uns auch aus dem Alten Testament bekannt ist, Uruk, Lagasch, Umma, Suruppak, Adab, Nippur, Kisch, Akschak und Mari. Auf dem Lande zwischen den Städten siedelten semitische Akkader. Damit stimmt der biblische Bericht von Semiten überein, die – wie Abraham – als Hirten im Lande Ur lebten.

Die Rechtsdokumente der Zeit zeigen bereits einen hohen Kulturstand in Herrschaftsformen, Bürokratie, Kult, Landbau und Viehzucht. Überliefert sind uns Königsurkunden, z.B. ein Rechenschaftsbericht auf der Geierstele des Eannatum von Lagasch, die sich heute im Louvre befindet. Eine Übersetzung dieser Königsurkunde finden wir in TUAT I 297–308. Die Stele zeigt ein Siegesmal aus Anlaß der Wiedergewinnung eines umstrittenen Stückes Land. Den Juristen interessieren daran die Hinweise auf Grenzziehung und Meßleine, auf Abgaben in Silber und Gerste, auf Eide bei der Gottheit, auf Deichregelungen. Oder es finden sich Berichte über die Bautätigkeit eines Königs Ur-nansche von Lagasch, über Kanalarbeiten und über einen Streit mit Ur und mit Umma. Daneben wissen wir von einer Geiselbefreiung durch König Entemena von Lagasch, von Verträgen, von Abrechnungen und von dem Versuch, die Macht der Behörden einzudämmen.

Die Sargonzeit (bis 2150 v.Chr.): Eines Tages übernahmen die semitischen Viehzüchter aus dem Umfeld der Städte die Macht durch den neuen Herrscher Sargon. Seine Herrschaft begann in Kisch und erfaßte zuletzt das gesamte unter seiner Herrschaft vereinigte Land Sumer. Die neue Hauptstadt war Akkad. Sargons Reich war eine Herrschaft der semitischen Akkader über einer sumerischen Unterstruktur. Das zeigen deutlich die Rechturkunden dieser Zeit. Sie berichten uns auf Steintafeln und Obelisken von Bautätigkeit, von Feldkäufen, von Freilassungen und von der Tätigkeit der Verwaltung.

Die neusumerische Zeit (bis 1950 v.Chr.): Als die Gutäer „von den hohen Bergen" in das Land einfielen, wurde Akkad verwüstet und die Macht der Akkader zerschlagen. Die Sumerer benutzten die Gelegenheit, wieder die Macht zu übernehmen. Im neuen Großreich, einem Zentralstaat der vereinten Städte, dominierte nun Ur für mehr als 100 Jahre. Die Mischkultur mit den semitischen Bewohnern aber blieb erhalten. Sie drückte sich zeitweise auch im Titel der Herrscher aus, die sich Könige „von Sumer und Akkad" nannten. Das Sumerische erlebte noch einmal eine Restauration. Als Sumer dann unterging, erhielt sich das Sumerische noch lange als eine geistigte Tradition, dem Latein in Europa vergleichbar. Generationen von Schülern schrieben die alten sumerischen Texte ab und erhielten sie so der Nachwelt.

In dieser neusumerischen Zeit entstanden eine Reihe besonders aufschlußreicher Rechtsdokumente. An ihrer Spitze ist das älteste derzeit bekannte Gesetzbuch erhalten, das Gesetzbuch des Ur-nammu von Ur (2211–2094 v.Chr.). Es ist in einem Prolog und 32 (oder 29 oder 38) Paragraphen erhalten. Der Prolog (TUAT I 19) enthält ein Selbstlob aller guten Taten des Herrschers; im Schlußsatz rühmt er sich, Gerechtigkeit gesetzt zu haben im Lande Ur:

> „Feindseligkeit, Gewalttat und Weherufe zu Utu ließ ich fürwahr verschwinden, Gerechtigkeit setzte ich fürwahr im Lande Sumer."

Es ist nicht sicher, ob es sich um ein Gesetzbuch für die Stadt Ur oder für das gesamte Reich handelte. Interessant aber ist, daß es in späterer, altbabylonischer, Zeit in Nippur und Sippar noch Gegenstand von Schülerabschriften wurde und so – fragmentarisch – erhalten blieb. Erst 1979 machte J. van Dijk einen neuen Fund dazu. Die einzelnen Bestimmungen des Gesetzbuches handeln von Sklaverei, Scheidung, Unzucht, Gewalttat, falschem Zeugnis und Schadenersatzpflichten.

Auch reiches Urkundenmaterial ist aus dieser Zeit erhalten. So veröffentlichte Falkenstein daraus „Neusumerische Gerichtsurkunden" und Sauren einen ausführlichen Sklavenkaufvertrag. In sumerischer Sprache ist auch ein Formularbuch zu Rechtsfragen überliefert. Von den meisten Urkunden wissen wir nicht, ob es sich um Zeugnisse einer Palast-, Tempel- oder Privatwirtschaft handelt. Ihre Themen sind Eheabsprachen (aus Nippur und aus Girsu), Sklaverei, Freilassung (aus Girsu), Kindesverkauf, Adoption, Dienstmiete, Kauf, Darlehen, Feldpfand, Erbinventar und Schuldscheine. Ganz modern liest sich das Formular einer Adoption (TUAT I 200):

> „. . . hat Ur-Ningizzida vor dem Großwesir Adda seinen Sohn aus der Eigenschaft als Erbsohn entlassen, Luba hat ihn zu seinem Erbsohn gemacht."

Mit welchen Schwierigkeiten zeitlicher Einordnung zu rechnen ist, zeigt die Serie Ana Ittischu mit ihren sumerisch und akkadisch geschriebenen Vorschriften, die im ersten Jahrtausend v.Chr. entstand und trotz der alten Sprache jüngeren, altbabylonischen Inhalt haben könnte. Die sumerisch-akkadische Schreib-Tradition blieb eben noch lange über Sumer hinaus erhalten.

Die Isin-Larsa-Zeit: Das Reich der Sumerer zerbrach zu Beginn des zweiten Jahrtausends v.Chr. in zahlreiche Nachfolgestaaten. Zwei Städte blieben unter semitischen Herrschern von einiger Bedeutung, Isin und Larsa. Isin mit seinem Herrscher Lipit-Ischtar (1934–1924 v.Chr.) beanspruchte die Herrschaft über Sumer und Akkad. Von Lipit-Ischtar stammt das zweite große Gesetzgebungswerk, Codex des Lipit-Ischtar genannt. Wieder handelt es sich um ein Werk in sumerischer Sprache, das uns zum Teil in Schülerabschriften aus altbabylonischer Zeit fragmentarisch erhalten geblieben ist und zum größeren Teil Ende des 19. Jahrhunderts in Nippur ausgegraben wurde. Erst 1950 wurde ein weiteres Fragment gefunden. Das Gesetzbuch enthält Prolog und Epilog. Die Fragmente seiner Gesetze enthalten vor allem Ehe- und Erbrecht, aber auch Vorschriften über Miete, Diebstahl und Raub, Sachbeschädigung und Sklavenflucht, Delikts- und Beweisrecht. Einen interessanten Text zum Recht der Ehescheidung bietet § 28 (TUAT I 28):

> „Wenn jemandes ebenbürtige Ehefrau blind oder gelähmt wurde, kann er sie nicht aus dem Hause wegschicken; der Ehemann wird, (falls) er eine zweite Frau genommen hat, die spätere (und) die ebenbürtige Ehefrau unterhalten."

Es sieht ganz so aus, als habe eine derartige Gesetzgebung zum Ruhmeskatalog jedes guten Herrschers gehört. Das läßt noch weitere Funde erhoffen, zumal Spuren aus Kisch und Uruk auf bislang noch nicht gefundene Gesetze hinweisen. Schulderlässe und

Preisedikte scheinen jedenfalls ewige Probleme der Menschheit behandelt zu haben. Von Zeit zu Zeit mußte man eben, um übergroße soziale Spannungen zu vermeiden, die Kluft zwischen Reichen (Gläubigern) und Armen (Schuldnern) verringern. Und in allen Regionen mit stark schwankender agrarischer Produktion müßte man für Notzeiten dem Kornwucher durch Höchstpreise Einhalt gebieten.

Aus dieser Zeit sind auch Rechtsurkunden aus dem Geschäftsleben überliefert. Sie bezeugen Königshofwirtschaft, Tempelwirtschaft, aber auch Privatwirtschaft.

Rätsel gibt YOS 1,28 auf, ein Rechtswerk in sumerischer Sprache aus derselben Zeit. Inhaltlich handelt es sich aber eher um ein nordbabylonisches Stadtrecht. Geschrieben freilich wurde es nach dem Untergang Sumers, wie einige später entstandene Teile zeigen, die sumerische Rückübersetzungen aus dem Codex Hammurabi sein könnten.

3. Babylon und Assur

Historisches: Mit Sargon hatten einst Semiten die Macht im Großreich Sumer übernommen und die Dynastie von Akkad gegründet. Von Sargon gibt es übrigens bereits die Legende, wonach er auf dem Wasser des Flusses ausgesetzt und in wundersamer Weise gerettet wurde, so wie es uns das Alte Testament für Moses bezeugt. Semiten waren auch die Amoriter, bereits aus Isin und Larsa bekannt, die im mittleren Zweistromland die Herrschaft von Babylon gründeten. Die erste Dynastie von Babylon herrschte von 1830–1520 v.Chr. Ihr 6. König war Hammurabi (um das 18. Jh. v.Chr.). Die Dynastie dehnte ihre Macht fortschreitend nach Norden gegen Assur und nach Nordwesten zu Syrien hin aus. Der Niedergang begann mit einem Kriegszug der Hethiter, die aus Kleinasien kamen, und einem Kriegszug der Kassiten, die von den Bergen des Nordens eindrangen. Im Norden hatte sich in Assyrien eine neue, ebenfalls semitische Macht eingerichtet, die vom 19. bis zum 15. Jahrhundert v.Chr. herrschte. Die Archive von Mari berichten von dieser altassyrischen Macht. Nach einem Zwischenspiel des hurritisch dominierten Großreiches von Mitanni, das um 1365 v.Chr. von den Hethitern vernichtet wurde, entstand eine neue assyrische Macht, das mittelassyrische Reich, das im 13. Jahrhundert das babylonische Reich unterwarf und Babylon zerstörte.

Eine neue Epoche dieser Assyrer begann mit Tiglatpileser I (1112–1074 v.Chr.); das Reich erlangte jetzt seine größte Ausdehnung. Unter aramäischem Druck erlahmte die Expansion kurze Zeit, setzte sich aber unter Tiglatpileser III bis Syrien und Palästina und schließlich bis Ägypten fort, das unter Asarhaddon (680–669 v.Chr.) erobert wurde. Der letzte große Herrscher war Assurbanipal (668–630 v.Chr.). Der Druck der Meder aus dem Westen endete mit der Eroberung von Ninive im Jahre 612 v.Chr. Helfer der Meder war ein babylonischer General, Nabopolassar. Sein Sohn Nebukadnezar I ist aus dem Alten Testament besser bekannt; er ließ 586 v.Chr. Jerusalem und den Tempel zerstören und einen Großteil der jüdischen Bevölkerung nach Babylon deportieren. Schon bald aber bedrängte eine Macht aus dem Osten das neu gegründete Reich, die Perser unter Kyros. Die weitere Geschichte ist als griechisch-hellenistische Geschichte bekannt.

Die altbabylonische Zeit: In den ersten Jahrhunderten des zweiten Jahrtausends gab es nahe bei dem heutigen Bagdad ein Königreich Eschnunna, heute Tell Asmal am Ostufer des Tigris. Das kleine Reich lag mitten zwischen Assur im Norden, Babylon im Westen, Isin und Larsa im Süden und Elam im Osten. Ausgrabungen von 1945 bis 1947 brachten in Tell Abu Harmal ein großes Gesetzeswerk zutage, das noch immer etwa zwei Jahrhunderte älter ist als der Codex Hammurabi. Es ist in akkadischer Sprache verfaßt. Es handelt sich um ein Gesetzbuch für die Landbevölkerung, das zunächst ein Preisedikt für alle gängigen Waren und Dienstleistungen enthielt, dann aber auch Vorschriften über Darlehen, Pfänder, Ehe, Mitgift, Sklaverei, Verwahrung, Körperverletzung und Sachbeschädigung. Die Formulierungen zeigen bereits eine hohe Kunst der Abstraktion. Und manche Regel (§ 53 A IV) verbreitete sich wie ein Muster zur Lösung eines Konfliktes im Orient und findet sich letztlich im Alten Testament.

> „Wenn ein Rind ein Rind (eines anderen) stößt und tötet, so teilen sich die beiden Rinderhalter in den Kaufpreis des lebenden Rindes und das Fleisch des toten Rindes."

Altbabylonischer Zeit gehören auch zahlreiche Rechtsurkunden aus Nippur und Sippar an. Nach einer Prozeßtafel konnte A. Walther 1917 „Das altbabylonische Gerichtswesen" beschreiben. Viel reicher und tiefgründiger konnten das aber kürzlich Ries für das Thema „Beweisurteile" in Nippur und Sauren für das Thema „Feldbesitz" in Sippar tun. Erneut ist von Schuldentlastung – Abgaben für einen Tempel – die Rede, die der Herrscher Ur-Ninurta von Isin (etwa 1850 v.Chr.) für die Bürger von Nippur verfügte. Und ein Preisedikt verordnete der Herrscher Sin-Kaschid von Uruk (etwa 1780 v.Chr.) in einer Inschrift in sumerischer Sprache.

Altbabylonisch ist auch der Codex Hammurabi (1792–1750 v.Chr.). Das Gesetzgebungswerk findet sich auf einer großen Stele, die 1901/1903 im elamischen Susa gefunden wurde, wohin sie wohl als besondere Kriegstrophäe gelangt war. Heute kann sie im Louvre betrachtet werden. Das Werk entstand in den letzten

Herrschaftsjahren des Hammurabi. Als Literatur muß es eine große Bedeutung gehabt haben, denn es wurde immer wieder abgeschrieben. Abschriften von Teilen befinden sich heute in den Sammlungen vieler großer Museen. So ist es möglich, den Text zum Teil auch dort zu rekonstruieren, wo er im Original einer tendenziösen Abmeißelung durch die Elamiter zum Opfer gefallen ist. Die Literatur zu diesem Werk ist überreich. Berühmte Rechtshistoriker haben sich alsbald nach dem Fund mit dem Werk beschäftigt und eine überaus kontroverse Vielfalt von Meinungen hinterlassen: Landsberger, Cuq, Koschaker, L. Mitteis, D. H. Müller, Cardascia, Szlechter, Korosec, Klima, Lautner, Yaron, Petschow, Greßmann, Kraus. Eines der bevorzugten Themen war zunächst der Vergleich des Codex Hammurabi mit dem Bundesbuch der Bibel. Neuerdings ist der Vergleich mit den Neufunden an älteren Gesetzen und die Suche nach Vorläufern des Codex Hammurabi an seine Stelle getreten. Viele Fragen sind noch offen.

Besonders umstritten ist, ob das Werk als Gesetzbuch oder als Literatur gedacht war und ob es je in der Praxis als Gesetzbuch benutzt worden ist. Es gibt dafür keine Spuren in der Rechtspraxis, etwa Zitate in Urteilen. Der Umfang des Werkes ist beachtlich. Es enthält insgesamt 282 einzelne Gesetze, dazu einen Prolog und einen Epilog. Der Codex berührt alle Bereiche des damaligen, bereits hoch entwickelten wirtschaftlichen und familiären Lebens. Und er regelt die Probleme erstaunlich detailliert und differenziert.

Wie schon gezeigt, hatten sozial- und wirtschaftspolitisch motivierte Schuldentlastungen (mischarum-Erlässe) im Orient Tradition. Ein kurzer Text dieser Art findet sich auch in altbabylonischen Quellen, dem Edikt des Samsu-Iluna von Babylon, Nachfolger von Hammurabi, und dem Edikt des Ammi-Saduqa von Babylon, um 1640 v.Chr. entstanden. Es werden der gesamten Bevölkerung Palastabgaben ebenso erlassen wie – in genau bestimmten Grenzen – private Getreide- und Gelddarlehen. Die Schuldtafel wird dabei als Zeichen des Erlasses zerbrochen. Vergleichen wir aus dem letztgenannten Erlaß die §§ 16 und 17 mit dem Gleichnis vom hartherzigen Gläubiger, dem sein Herr gerade eben seine Schuld erlassen hat, aus dem Neuen Testament (Matth 18,21–35), so gewinnen wir ganz neue Einsichten. In Matth 18,21–35 erläßt ein König seinem – wohl abgabepflichtigen – Schuldner die Schulden. Dieser wieder ist jedoch nicht bereit, seinerseits seinem Schuldner das gleiche zu gewähren. Der König widerruft daher den gewährten Schulderlaß. Im Edikt des Ammi-Saduqa wird ganz ähnlich einer Schankwirtin auf dem Lande die Palastabgabe erlassen. Damit verbunden ist aber die weitere Verfügung, daß sie selbst gegen ihre Schuldner nicht mehr vorgehen darf. Wahrscheinlich konnte bei einem Verstoß gegen diese Auflage der Schulderlaß die Palastabgabe betreffend widerrufen werden.

Die neubabylonische Zeit: Von der altbabylonischen zur neubabylonischen Zeit ist ein großer Sprung von bald tausend Jahren. Des räumlichen Zusammenhanges wegen soll sie hier behandelt sein. Beziehungen sind noch nicht dargetan. Derzeit sind einige Gesetzestexte bekannt, die Reste einer Sammlung sein könnten. Eine Tontafel im Britischen Museum enthält sie. Sie informieren uns über Bewässerungsrecht, Übereignung, Beschwörung, Ehe- und Erbrecht. Das Fragment scheint heute schon hinreichend ausgewertet zu sein. Das Urkundenmaterial aus der Zeit aber gibt noch viel Arbeit auf, so etwa zwei Hausarchive, das des Bankhauses Egibi in Babylon und das des Bankhauses Muraschu in Nippur.

In der Folgezeit ist das Akkadische keine gesprochene Sprache mehr; es erhält sich in einigen Städten noch in priesterlichen Archiven, wiederum wie im europäischen Mittelalter das Latein.

Altassyrien: Für die altassyrische Zeit gibt es derzeit noch keine Texte aus Assyrien selbst. Wohl aber finden sich altassyrische Texte aus assyrischen Handelskolonien in Kappadokien, in der mittleren Türkei, aus Kültepe und Kanesch. Hrozny war ihr Ausgräber. Ebenso gibt es Texte aus einem Archiv aus Mari. Die Zeit, aus der die Wirtschaftsurkunden stammen, ist 1878–1778 v.Chr. Es ist wenig wahrscheinlich, daß sich Assur einmal als Großassyrien bis nach Kappadokien ausgedehnt habe oder daß es dort autonome Gemeinden assyrischer Kolonisten gegeben habe. Freilich hat man nun auf drei Tafeln auch Texte gefunden, die altassyrische Gesetze enthalten könnten. Bislang aber sind die Texte unverständlich geblieben.

Die mittelassyrische Zeit: In die mittelassyrische Zeit führen einige Gesetze auf Tontafeln, die bereits in den Jahren vor dem ersten Weltkrieg von deutschen Archäologen in Assur ausgegraben wurden. Sie stammen aus der Zeit Tiglatpilesers I (1115–1076 v.Chr.). Der französische Forscher Cardascia hat sie untersucht. Der Text ist mehrfach ediert und übersetzt. Es handelt sich um 14 Tafeln, die üblicherweise von A bis O bezeichnet werden. Tafel A mit 59 Bestimmungen scheint ausschließlich „Frauenrecht“ zu enthalten. Insgesamt erscheinen die Themen Deliktsrecht, Eherecht, Erbrecht, Sklaverei und Schuldknechtschaft, Boden- und Wasserrecht, Haverei, Gemeinschaft und Strafrecht. Ein besonderes Gebiet bilden die Haus-, Hof- und Haremserlässe des assyrischen Herrschers, ein Forschungsgebiet von Weidner. Daneben gibt es viele Urkunden, denen sich die Rechtshistoriker bereits mit Erfolg gewidmet haben.

Die neuassyrische Zeit: Aus neuassyrischer Zeit ist bislang kein Gesetzeswerk überliefert. Nach den vorhandenen Zeugnissen scheint es auch keinen sachlichen Zusammenhang zu den früheren Epochen Assyriens zu geben. Die Ausgrabungen in Ninive haben aber Staatsverträge mit Arpad, Tyros, medischen Fürsten u.a.m. zutage gefördert. Sie sind, wie z.B. der Staatsvertrag des Assurniraris mit Mati'ilu von Arpad (TUAT 155–158) noch eingehender zu erforschen. Inschriften des Salmanassar und die Annalen Tiglatpilesers III könnten weiter für den Rechtshistoriker von Bedeutung sein, ebenso einige Urkundenfunde.

4. Elam und seine Hauptstadt Susa

Die Elamiter sollen als Volk aus dem südlichen Iran in die Region östlich des heutigen Schatt el Arab an der Mündung von Euphrat und Tigris zugewandert sein. Die Schrift, in der sie ihre indogermanische Sprache darstellen, ist aber die (sumerische) Keilschrift. Ihr ging eine protoelamische Strichschrift voraus, deren Entzifferung noch nicht gelungen ist. Als Sumer akkadisch wurde, folgte Elam auch darin. In der Mitte des 13. Jahrhunderts v.Chr. gelang Elam ein entscheidender Sieg über Babylon. Damit begann für Elam eine neue Epoche, die bis zu Assurbanipal Selbständigkeit bedeutete. Mehr als 30 000 Verwaltungsurkunden dieser Epoche und der Achämenidenzeit aus Persepolis harren der Auswertung.

5. Ebla

Mit der Erforschung von Ebla springen wir weit in der Zeit zurück. Etwa 60 km südlich von Aleppo, an der Autostraße nach Süden liegt das moderne Dorf Tell Mardik. Italienische Ausgräber fanden dort kürzlich erst Zeugnisse eines semitischen Stadtstaates aus der

Zeit um 2400 v.Chr. Die Sprache ist bereits entziffert und derzeit als älteste semitische Sprache erkannt. Im Museum von Aleppo findet sich ein berühmtes, noch nicht ausgewertetes Zeugnis dieser Zeit, ein völkerrechtlicher Vertrag zwischen Ebla und einem seiner noch nicht gefundenen Nachbarstaaten. In der späteren Geschichtsschreibung ist Ebla als Staat lange bekannt geblieben. Urkunden des Tiglatpileser I, der nach dieser Region expandierte, berichten etwa aus mittelassyrischer Zeit von Kriegszügen gegen Ebla.

6. Hana

Rechtsurkunden bezeugen auch ein Königreich Hana zwischen Babylonien und Assyrien in mittelbabylonischer Zeit. Erforscht wurden sie durch den französischen Rechtshistoriker Cuq aus Geschäftsformularen mit babylonischem Einfluß.

7. Die Hethiter

Eine eigenständige Kultur: Erst im Jahre 1906/1907 stieß H. Winckler bei Grabungen in Bogazköy, östlich von Ankara in der Türkei, auf jenes Reich der Hethiter, das im Alten Testament erwähnt wurde, an das man aber bis dahin nicht ernsthaft geglaubt hatte. Dabei konnte man die Funde an Texten lange Zeit nicht verwerten, denn erst der tschechische Assyriologe Hrozny konnte sie 1922 entziffern. Noch im gleichen Jahr erschien eine deutsche Übersetzung der „Gesetze“ von H. Zimmern und J. Friedrich. Untrennbar verbunden mit der Hethiterforschung ist der Name V.Korosec. Ganz neu ist der Fund eines Staatsvertrages des Tuthaalija IV, erst 1986 von P. Neve in Bogazköy entdeckt. Im Jahre 1235 v.Chr. wurde er mit Kurunta, König von Tarhuntassa, wohl einem abhängigen hethitischen Herrscher, geschlossen. Es geht dabei um Grenzregelungen, gemeinsame Nutzung von Salzbergwerken, Schutz- und Verteidigungsabkommen und eine Erbfolgeregelung. Die Schlußklausel (§ 28 S. 29 nach der Übersetzung von Otten) erklärt, warum wir diesen und andere spätere Funde machen:

> „Diese Tafel aber (ist) als siebentes Exemplar ausgefertigt und mit dem Siegel der Sonnengöttin von Arinna und mit dem Siegel des Wettergottes von Hatti gesiegelt. (Davon) ist eine Tafel vor der Sonnengöttin von Arinna, eine Tafel vor dem Wettergott von Hatti, eine Tafel vor Lelwani, eine Tafel vor Hepat von Kizzuwatni, eine Tafel vor dem Wettergott Pihassassi, eine Tafel im Königspalast vor Zitharija niedergelegt; eine Tafel aber hält Kurunta, König des Landes Tarhuntassa, in seinem Hause.

Wichtige Urkunden wurden eben zur allgemeinen Kenntnis publiziert.

Das große Rechtswerk: Bei dem Rechtswerk handelt es sich um einen Text größeren Umfangs auf mehreren Tafeln, die ein verschiedenes Alter haben. Das hat zu der Frage geführt, ob man es überhaupt mit einer Gesetzessammlung zu tun habe, und nicht mit einer Sammlung nacheinander ergangener Gerichtsentscheidungen. Jedenfalls spricht der erste Anschein thematischer Lückenhaftigkeit gegen das Ziel einer Vollständigkeit anstrebenden Kodifikation. Und viele der Texte sind im Fall so speziell, daß sie schwerlich als allgemeine Aussage – wie sie ein Gesetz erfordert – gedacht sein können. Entstanden ist die Sammlung um 1600 v.Chr. in der Gründungszeit Hattusilis I. Von Schuler meint, es liege in den Fundtexten nicht die Originalversion vor, sondern selbst in den ältesten Teilen schon eine Redaktion des Originals. Spricht doch der Text selbst von „früher“ und „jetzt aber“. Zu verschiedenen Teilen gibt es übrigens mehrere Überlieferungen, deren jüngste dem 13.

Jahrhundert zugehört. Keine Überlieferung aber ist vollständig, sodaß wir keine vollständige Fassung, sondern Redaktionen mit Variationen vor uns haben.

Inhaltlich findet sich freilich bereits eine gewisse Ordnung des Materials, was gegen eine rein zeitliche Ordnung – je nach dem Entstehen der einzelnen Aussagen – spricht. Die Texte beginnen mit Fällen der Tötung, gehen über zur Körperverletzung, zur Entführung, zur Sklavenflucht, zum Frauenraub. Nach wenigen Texten zu Magie, Fund, Lehnsdienst und Frondienst gehen die Delikte weiter mit Diebstahl und Sachbeschädigung. Darauf folgen Vorschriften zu Sach- und Dienstmiete, vorwiegend mit Tarifangaben, und einige Kaufregeln, ebenfalls mit Preisregelungen. Dazwischen liegen jedoch immer wieder – verstreut – andere Themen. Am Ende finden sich Vorschriften über Unzucht.

Von einem Staatsvertrag mit Ägypten war bereits in der Rechtsgeschichte Ägyptens die Rede. Der Zufall hat uns zu der in Ägypten gefundenen Version des Vertrages zwischen dem Hethiter Hattusili III und dem Ägypter Ramses II auch die hethitische überliefert. Ähnlich ist auf Tafeln aus Ugarit ein Vertrag zwischen Hatti und König Niqmaddu von Magarit bekannt. Soweit solche Staatsverträge mit Vasallen geschlossen wurden, also eher Lehensverhältnisse begründen oder bestärken, sind sie religionsgeschichtlich von Bedeutung geworden. Das Alte Testament kennt nämlich das Muster solcher „Bundesverträge" in seiner Vorstellung vom Vertrag zwischen Gott (Jahwe) als dem Oberherrn und seinem Lehensvolk Israel.

Rechtlich bedeutsam sind unter den Quellen auch die Dienstanweisungen für die Diener des Königs. Die gesamte Hofverwaltung spiegelt sich in den Anordnungen. Die Wasserträger werden z.B. zur Reinlichkeit verhalten:

> „Ihr, die ihr Wasserträger seid, seid sorgsam mit dem Wasser! Filtert Wasser stets mit dem Sieb. Einst fand ich, der König, in der Stadt Sanahuitta im Waschbecken ein Haar.“

Erhalten sind auch Geschäftsurkunden und Urkunden zu den Agrarverhältnissen. Ganz besonders instruktiv die althethitische Schenkungsurkunde aus Inandik:

> „Tutulla, der Verwalter der Stadt Hanhana, hat den Ziti aufgenommen und zu seinem Sohn gemacht. Seine Tochter Zizzatta hat er ihm als Ehefrau gegeben. Ein Haus hat er ihm (als Geschenk) gegeben. Und Pappa, den Sohn des Tutulla, hat der Großkönig aufgenommen und der Königin des Tempels der Stadt Katapa gegeben.“

Verstoßung des leiblichen Sohnes zum Tempeldienst, Adoption eines Fremden, Ehe und Schenkung, in wenigen Worten ein Familiendrama in Kurzfassung?

Auch historische Texte können zur Rechtsgeschichte beitragen. Hier gibt es gelegentlich zweisprachige Quellen, hethitisch und akkadisch verfaßt. So enthält der Erlaß des Königs Telipinu (Ende des 16. Jahrhunderts v.Chr.) nicht nur einen Bericht von der Zerstörung Babylons und vom Krieg gegen die Hurriter, von Vatermord und überhand nehmenden Bluttaten im Herrscherhaus, vom Aufstand der Leibwache des Königs, sondern am Ende auch von einem Hausgesetz, das die Ausübung und den Übergang der königlichen Macht sichern soll. Und der Bericht des Mursili II (etwa 1330 bis 1295 v.Chr.) gibt nicht nur einen Rechenschaftsbericht von Kriegszügen, sondern beschreibt auch den Inhalt der neu begründeten Vasallenpflichten. Der Bericht des Hattusili III (etwa 1275 bis 1245) wieder bezeugt nicht nur Feldzüge, u.a. einen Feldzug gegen Ägypten, sondern auch Prozesse, Tempelgründungen, Bundesverhältnisse und Legitimitätsfragen.

8. Die Staaten an der östlichen Küste des Mittelmeeres

Ugarit: In einem erst seit 1929 erforschten Ruinenhügel bei Ras Schamra in Nordwestsyrien entdeckte man einen phönikischen Handelsplatz. Und seit 1939 sind aus diesem Platz auch Dokumente rechtlichen Inhalts bekannt. Sie sind zum Teil in ugaritischer Sprache, geschrieben in einer sensationellen Alphabet-Keilschrift, überliefert. Zum Teil sind sie in babylonischer (akkadischer) Sprache, geschrieben in babylonischer Keilschrift, erhalten. Die Texte stammen aus ugaritischen Königsarchiven des 14./13. Jahrhunderts v.Chr. Die meisten Funde sind jedoch noch sehr jung. Viel Material brachten Ausgrabungen der Jahre 1953 bis 1955. Und Nougayrol bot 1968 weitere Funde in der Zeitschrift Ugaritica V.

Inhalt der Urkunden sind Feldtausch, Feldkauf, Landschenkung, Adoption, Freikauf aus der Sklaverei, Bürgschaft und Erbteilung. Zahlreiche Verzeichnisse von Bürgen, von Grundübertragungen, von Tributleistungen an den hethitischen Hof, von Schuldregistern, von Wein- und Getreideausgaben zeigen Rechts-, nicht nur Wirtschaftsdaten.

Besonders zu erwähnen sind die Ugarit-Briefe, darunter solche aus Alasia (Zypern) nach Ugarit (TUAT I 505 ff.) aus der Zeit des Seevölkersturmes (13./12. Jahrhundert v.Chr.).

Altkanaanäer – Phöniker: In den Küstenstädten südlich von Ugarit lebte eine altkanaanäische Bevölkerung. Sie ist aus der Geschichte als Phöniker bekannt. Ihre Geschichte führt über die Geschichte der Seefahrt und der Kolonisation in den gesamten Mittelmeerraum, auch nach Karthago (Punier). Die Geschichte der Punier in Karthago leitet später in die römische Geschichte über und führt uns so in den Westen zurück.

Ein eigener, noch wenig erforschter Zweig der Rechtsgeschichte eröffnet sich.

9. Die Hurriter

Hurritische Quellen in Mesopotamien: Der Einfall der Hurriter nach Mesopotamien läßt dort ein kleines Königreich innerhalb des großen Mitannireiches entstehen. Ausgrabungen in Arrapcha, heute Kerkuk (Nordirak), und Nuzi brachten Tausende von Urkunden der Zeit von 1480–1360 v.Chr. zutage. Sie sind akkadisch geschrieben. Als ihre Erforscher sind Cuq, Koschaker und Landsberger, zuletzt Petschow, der sich besonders mit Ordalentscheidungen (Gottesurteilen) befaßte, zu nennen.

Alalah: Ein weiterer hurritischer Staat begegnet uns in einem ganz anderen Raum, in Nordwestsyrien, in engstem räumlichen Zusammenhang mit Ugarit. Die Hauptstadt war Mukisch. Aus den Funden veröffentlichte Wiseman die Alalah-tablets mit dem Inhalt von Staatsverträgen eines kleinen Stadtstaates am Orontes (Nordwestsyrien) unter der Oberherrschaft eines Herrn von Halab (heute Aleppo). Neuerdings sind auch Geschäftsurkunden aus dem 18. Jahrhundert v.Chr. bekannt geworden, der Kauf eines Dorfes, der Austausch von Dörfern, ein Sklavenkauf. Eine Autobiographie eines Königs Idrimi von Alalah, erhalten auf einer Stele (um 1500 v.Chr.), berichtet von „völkerrechtlichen" Verträgen mit fremden Herrschern und von Eiden, die sie bestärken sollten.

10. Urartu

Im armenischen Hochland bestand ein Königreich Urartu. Seine Hauptstadt Tuschpa lag am Ostufer des Van-Sees in der heutigen Türkei. Den gewaltigen Burgberg der Stadt kann man noch heute in der Nähe der Stadt Van besteigen. Forschungen zur Kultur und Rechtskultur der Urartäer über Quellen aus dem 9. und 7. Jahrhundert v.Chr. in Assyrisch und Urartäisch haben vor allem sowjetische Gelehrte betrieben. Deren Ergebnisse sind uns der russischen Sprache wegen freilich schwer zugänglich.

11. Die Aramäer

Ab 1300 legten semitische Nomadengruppen Siedlungen im oberen Mesopotamien an; nach 1000 v.Chr. sind solche Siedlungen in Babylonien, nach 900 v.Chr. in Assyrien bezeugt. In Syrien lösen Aramäerstaaten die verschiedenen Hethitervasallen ab, auch die Hurriter. Die Sprache dieser Aramäer wird zur Allgemeinsprache des überstaatlichen Verkehrs (lingua franca) in Syrien und Mesopotamien, im Achämenidenstaat sogar zur Verwaltungssprache seines Westteils.

Dokumente in aramäischer Sprache aus eben den Aramäerstaaten sind noch nicht lange bekannt. Die 1930 gefundenen Stelen von Sefire (nördlich von Aleppo) enthalten einen Staatsvertrag eines Königs Bar-Ga'yah von Ktk mit einem König Mati^{c}-Il von Arpad aus der Mitte des 8. Jahrhunderts. Von Arpad wissen wir, daß Tiglatpileser es um 740 v.Chr. zerstört hat und daß ein Vorgänger des Tiglatpileser noch einen Vertrag mit Arpad geschlossen hat. Die aramäischen Inschriften haben H. Bonner und W. Röllig zugänglich gemacht. Rössler hat den Staatsvertrag zwischen Ktk und Arpad in TUAT I 178 aufgenommen. Es geht dabei um Beistandspflichten im Fall des Krieges und des Hochverrates, um die Auslieferung von Flüchtlingen und um die Nichteinmischung in Parteikämpfe im Land des Oberherren.

Eine Basaltstele aus Bredsch, nördlich von Aleppo, nennt uns einen König Barhadad von Damaskus als

„König von Aram". Eine Inschrift aus Afis, südwestlich von Aleppo, nennt uns aus dem Jahr 785 v.Chr. einen König von Hamath und Lu'asch. Hamath ist das heutige Hama am Orontes, bekannt durch seine riesigen Wasserschöpfräder. Auch er nennt sich „König von Aram", im Bund mit dem König von Arpad.

Eine Statue von Tachtaly Bunar aus 730 v.Chr. gibt einen aramäischen Bericht über einen König Panammu, der unter Tiglatpileser III Vasall von Assyrien war. Erstellt wurde der Bericht von seinem Sohn Barrakib von Sam^{c}al, von dem noch mehr Inschriften aus Sendschirli erhalten sind.

Etwas älter ist eine Stele aus Moab. Anlaß zu ihrer Errichtung war ein Sieg des Königs von Moab, Mescha, über Israel um 830 v.Chr. Die Inschrift ist in althebräischer Schrift geschrieben, wie sie sich im 10. Jahrhundert v.Chr. aus der kanaanäisch-phönikischen entwikkelte. Die althebräische Schrift wieder ist die Vorläuferin der bekannten hebräischen Quadratschrift. Der Text ist ein treffendes Beispiel, daß sich die Judaistik nicht aus der Altorientalistik lösen läßt.

Insgesamt sind die einzelnen Fundstellen noch ohne aussagefähige Verbindung zueinander. Man darf aber optimistisch sein, daß sich die Geschichte der aramäischen Kleinstaaten noch erschließen läßt.

Zeittafel zur Rechtsgeschichte des alten Orients*

um 3000–2800 v.Chr.	Uruk VI–IV im Zweistromland
Mitte des 3. Jtsd. v.Chr.	Aufstieg der Sumerer
um 2400 v.Chr.	Ebla (semitischer Stadtstaat in Nordwestsyrien)
um 2330 v.Chr.	Sargon von Akkad schlägt die Sumerer
um 2330–2150 v.Chr.	Reich von Akkad
um 2064–1955 v.Chr.	Renaissance des Sumerischen
um 1960–1700 v.Chr.	Stadtfürsten im Zweistromland
1934–1924 v.Chr.	Lipit-Ischtar als Stadtherrscher
1950–1530 v.Chr.	Erste Dynastie von Babylon (Semiten)
18./17. Jh. v.Chr.	Hammurabi, König von Babylon
19.–15. Jh. v.Chr.	Alt-Assyrer (Semiten)
16.–13. Jh. v.Chr.	Hethiter in Kleinasien
15.–14. Jh. v.Chr.	Hurriter in Nordwestsyrien
um 1460–1330 v.Chr.	Mitanni-Reich
14./13. Jh.v.Chr.	Ugarit
um 1350 v.Chr.	Könige von Assur wieder selbständig
13. Jh. v.Chr.	Sieg Elams über Babylon
1112–1074 v.Chr.	Tiglatpileser I (assyrisches Großreich beginnt)
9.–7. Jh. v.Chr.	Urartu
746–727 v.Chr.	Tiglatpileser III (neu-assyrisches Großreich beginnt)
669–627 v.Chr.	Assurbanipal (Ende des neuassyrischen Reiches)
626–539 v.Chr.	Neubabylonisches Chaldäerreich

539 v.Chr. Der Perser Kyros II in Babylon

*Zu den unterschiedlichen Chronologien: Hartmut Schmökel, Geschichte des Alten Vorderasien, 1957, S. 325.

VII. Südarabien

Wahrscheinlich ist vielen die Königin von Saba aus der Bibel bekannt, die auf einem Zug von Süden nach Jerusalem Gold und Weihrauch brachte. Man nimmt heute an, daß es zu dieser Zeit (10. Jahrhundert v.Chr.) bereits zwei Jahrhunderte lang ein Sabäerreich gab. Es dürfte in seiner weitesten Ausdehnung ganz Südarabien (heute Yemen) erfaßt haben, mit wechselnden Herrschaften das eigentliche Saba um Marib oder Waryab und vorher Sirwach, im Osten mit Hadramaut, im Süden mit Qataban, ferner mit Mina'i und mit Stützpunkten im Nordwesten, im Goldland. An der wichtigen Weihrauchstraße (dazu schon Plinius nat.hist. VI 154 f. und XII 52–54) gelegen, verband Serba, das Weihrauchland (heute Oman), mit dem Westen. Eine Kolonie gab es auf der anderen Seite des Roten Meeres, in Afrika, damals Kusch, heute Äthiopien genannt. Im 2./1. Jahrhundert v.Chr. machte sich im Süden Himyar selbständig, das seinerseits nach Äthiopien hinüberreichte und oft mit Äthiopien gleichgesetzt wird, so etwa noch in christlichen Quellen des 7. Jahrhunderts n.Chr. Der berühmte Bewässerungsstaudamm bei Marib brach 570 n.Chr.; das Land verödete in der Folgezeit sehr schnell.

Die Sprache der Region ist semitisch. Sie erscheint als Sabäisch, Minäisch, Qatabanisch und Haramisch. Die Schrift ist eine Buchstabenschrift, mit Konsonanten, wie das Arabische, Aramäische, Hebräische und Syrische. Oft ist sie bustrophedon geschrieben wie das Altgriechische, d.h. „wie der Ochse wendet", wechselnd von links nach rechts und rechts nach links.

Die noch wenig ausgewerteten Textfunde, die sich zu einem großen Teil in Wien befinden, enthalten auch Rechtstexte. So stellt TUAT I 651 ff. Regesten (Tätigkeitsberichte) des sabäischen Königs Karib al Watar aus dem Tempel von Sirwach vor. Oder es sind Bundesschlußformeln bekannt, die erneut an den Bund der Juden mit Gott erinnern.

Eine große Persönlichkeit ist hier zu nennen, Eduard Glaser, der sich ohne fertiges Studium an Ausgrabungen im Yemen machte, Ende des 19. Jahrhunderts riesiges Quellenmaterial als Privatgelehrter nach Wien brachte (Sammlung Eduard Glaser), von der Gelehrtenwelt aber geschnitten wurde. Erst heute widerfährt ihm Anerkennung.

Karte zur jüdischen Rechtsgeschichte

VIII. Die jüdische Rechtsgeschichte

1. Der geschichtliche Rahmen

Die Geschichte Israels beginnt als Geschichte eines Nomadenklans. Biblisch ist der Hinweis auf Abraham aus dem Lande Ur (Genesis 11,28), d.h. aus der semitischen Bevölkerung des sumerischen Stadtstaates. J. Pirenne, der etwas für ethnologische (völkerkundliche) Betrachtungen übrig hatte, versuchte, die Struktur eines solchen Klans in Herrschaft, Ehe und Eigentum zu rekonstruieren. Seine Grundlage sind eben die ältesten biblischen Zeugnisse. Allen diesen Fragen soll hier nicht nachgegangen werden.

Die Wanderung der Hirtenvölker ist in Mesopotamien zu allen Zeiten nach Westen und Osten offen gewesen. So scheint der Klan des Abraham (Abraham, Sara, Jakob) Kontakt mit Hethitern in Hebron gehabt zu haben, eines Tages mit den kanaanäischen Stämmen und schließlich sogar mit Ägypten (18. Jahrhundert v.Chr.). Nach Pirenne spielt die Josephsgeschichte zur Zeit der 13. Dynastie. Man spricht von einer halbnomadischen Zeit. Es ist noch nicht von Stämmen die Rede, sondern von einer Großfamilie, so Pirenne, nach Erwägungen zu Exodus, für das 15. oder 13. Jahrhundert v.Chr. Die weitere Geschichte des Auszugs aus Ägypten und der Einwanderung nach Kanaan zeigt Israeliten in Siedlungen, die teils kleine lokale Fürstentümer unterwerfen, teils diese ausrotten, teils sich unter sie mischen. Im Gesamtraum findet sich auf jeden Fall eine gestreute Siedlung inmitten von Kanaanäern, Hethitern, Amorrhäern u.a.m. Es gab auch eine Vermischung in einem anderen Sinn. Das Alte Testament ist voller Klage über die Israeliten, die die Töchter der Umwohner zu Frauen nehmen und deren Söhnen ihre Töchter zu Frauen geben (Jos IX, Buch der Richter). Auch gibt es eine stete Klage über die Annahme fremder Kulte (Goldenes Kalb, Baalskulte).

Es folgt die Zeit der „Könige“ (1025–586). Saul, David, Salomo (1010–955) etc. Das Volk Israel erlebte nach dem Tod Salomos eine Spaltung in zwei verschiedene Herrschaftsbereiche, Juda (Jerusalem) und Israel (Samaria). Pirenne gibt uns eine Liste der Könige für Juda bis zum Jahre 586, ebenso für Israel bis zum Jahre 722. Deportationen nach Babylon beenden diese Geschichtsepoche. Die Deportationen dürften sich dabei in mehreren Phasen vollzogen haben, die Hauptdeportation aus Juda fand im Jahre 586 v.Chr. statt.

Die Zeit der Gefangenschaft reicht von hier bis zum Jahre 331 v.Chr. Zwar nahm der Perser Kyros im Jahre 538 v.Chr. Babylon ein und ließ die Rückwanderung der Juden wieder zu, ließ auch den Tempel wieder aufbauen. Aber die Rückwanderer kamen in eine persische Satrapie zurück. In Mesopotamien dürften zudem viele der Deportierten und deren Nachkommen seßhaft geblieben sein. Eine starke jüdische Bevölkerung Mesopotamiens, die in christlicher Zeit, nämlich in der Missionsgeschichte des frühen Christentums, wieder sichtbar wird, blieb erhalten.

Mit dem Zug Alexanders des Großen nach Osten begann auch für die jüdische Geschichte eine hellenistische Periode. Jerusalem blieb zunächst im Streit zwischen den Seleukiden und den Lagiden, d.h. zwischen Syrien und Ägypten. Im Jahre 198 v.Chr. fiel es endgültig den Seleukiden zu. Hellenistischer Einfluß zeigt sich für die Folgezeit auch unter den städtischen Juden, besondern jenen der Diaspora.

Religiöse Eiferer, die Makkabäer, erhoben sich um 170 v.Chr. und gewannen 165 v.Chr. (Hasmonäer) für mehr als ein Jahrhundert die Macht. Ab dem Jahr 37 v.Chr. stand das Land unter römischer Oberherrschaft. Herodes und seine Nachfolger waren lediglich eine Marionettenregierung von Roms Gnaden. Im Jahre 66 n.Chr. begann eine jüdische Rebellion (der erste jüdische Krieg); 70 n.Chr. zerschlugen deshalb die verstärkt ins Land gekommenen römischen Legionen die letzte lokale Herrschaft, zerstörten den Tempel (siehe den Titusbogen auf dem römischen Forum) und ließen in der Folgezeit eine territoriale jüdische Herrschaft nicht mehr zu. Der Aufstand endete mit dem Fall der Festung Massada. Wir wissen leider nichts über das Provinzialstatut der römischen Teilprovinz Judaea (unter einem „Procurator“). Einen kleinen Blick in die Verteilung der Macht zwischen Militärregierung, hellenistischer Marionettenregierung von Roms Gnaden und damals noch gegebener jüdischer Selbstverwaltung erlauben uns der Bericht vom Prozeß Jesu im Neuen Testament und der Bericht vom Prozeß gegen Paulus in der Apostelgeschichte. Das letzte Ende jüdischer Staatsgeschichte begann mit dem Bar-Kochba-Aufstand.

2. Das altjüdische Recht

Die Zeit bis zur endgültigen Ansiedlung in Kanaan nach dem Auszug aus Ägypten und dem Zug durch die Wüste soll hier außer Betracht bleiben.

Als Quelle des altjüdischen Rechts kommt vor allem das Alte Testament und hier im besonderen Exodus 21,1–23,33, Deuteronomium 12,1–26,19, Leviticus 1 ff. und Numeri 27,1–11 in Frage.

Ein Problem ist dabei, ob diese Rechtsquellen auch dort als religiös bestimmtes Sonderrecht gelesen werden müssen, wo sie sich mit durchaus „weltlichen“ Fragen beschäftigen. Je mehr sich die Forschung zum altorientalischen Recht außerhalb des jüdischen Rechts ausweitete, desto stärker wurden die Bezüge in diesem vergleichbaren jüdischen Recht gesucht. Schon heute erscheint es fast unmöglich, altorientalische Rechte ohne

Blick auf das Alte Testament zu studieren, oder umgekehrt Texte des Alten Testaments nur aus sich heraus verstehen zu wollen. Die für einen Vergleich bedeutsamen Rechtstexte aus dem Alten Testament müssen dann freilich unter der rechten Annahme betrachtet werden, sie seien nicht Sonderrecht einer sich ohne jeden kulturellen Kontakt mit der Umwelt entwickelnden Gesellschaft. Die heilsgeschichtliche Besonderheit der Geschichte des Volkes Israel bedeutet nicht zugleich die geschichtliche Isolation von der Umwelt. Wenn sich demnächst einmal nach weiteren Forschungen die Aramäerstaaten in der Nachbarschaft Israels in deutlicherem Licht zeigen, wird das sicher noch klarer zu sehen sein.

Exodus 21,1–23,33 enthält das sogenannte Bundesbuch, das im Alten Testament auf den Dekalog in Exodus 20 und auf das Altargesetz in Exodus 20,22–26 folgt. Das Bundesbuch handelt als Gesetzgebung des Moses (mosaisches Recht im engeren Sinne) von Sklaverei, Mord und Totschlag, Entehrung und Verletzung der Eltern, von Menschenraub, Körperverletzung, Viehbeschädigung, Diebstahl, fahrlässigem Feldbrand, Verwahrung und Treuhand, von Verführung, Zauberei, Sodomie, Götzendienst, Witwenausbeutung, Rechtsschutz, aber auch von einer großen Zahl von Geboten und Verboten, die sich nach unserer heutigen Vorstellung mit rein religiösen Fragen beschäftigen. Sie sind im jüdischen Recht wie später im christlichen und islamischen Recht nicht von sogenannten weltlichen Anordnungen geschieden. Wie ja auch die in Exodus folgenden kultischen Vorschriften genau wie später die liturgischen Vorschriften des ältesten Christentums nicht von Rechtsvorschriften geschieden werden.

Die Vergleiche, die dabei angestellt werden, können zum einen der Antwort auf die Frage dienen, wieweit gleiche Sachzwänge völlig unabhängig voneinander gleiche rechtliche Lösungen hervorbringen. Hier gibt es ein gutes, immer wieder zitiertes Beispiel aus dem Diebstahlsrecht des Alten Testaments und dem altrömischen Recht:

> Exodus 22,1: Wenn ein Dieb bei einem nächtlichen Einbruch ertappt und so geschlagen wird, daß er stirbt, dann gilt der, der ihn geschlagen hat, nicht als Mörder.
> XII-Tafeln, VIII,12: Wenn jemand nächtlich einen Einbruch begeht, und er (der Betroffene) ihn tötet, so soll er mit Recht getötet sein.

Zum anderen liegen bei recht speziellen Lösungen auch Entlehnungen nahe. So zum Beispiel aus älteren, vielleicht gemeinorientalischen Vorstellungen:

> Exodus 21,35: Wenn jemandes Rind das Rind eines anderen stößt, so daß es eingeht, sollen die Besitzer der beiden Tiere das lebende verkaufen und den Erlös teilen. Auch das tote Tier sollen sie teilen.
> Gesetze von Eschnunna § 53: Wenn ein Rind ein Rind stößt und den Tod verursacht, so sollen beide Eigentümer der Rinder den Preis des lebenden Rindes und den Kadaver des toten Rindes teilen.

Leviticus 1 beginnt entsprechend mit Opfervorschriften, Priestergesetzen, Reinheitsvorschriften, geht dann aber zu Regeln über, die wir heute ganz eindeutig auch dem weltlichen Recht zuordnen würden, nämlich in 18,1 zu Sexualvorschriften. Leviticus mit seinen Inzest- und Unzuchtvorschriften ist über das Christentum auf die meisten Rechtsordnungen des Abendlandes von Einfluß geworden, insbesondere in Eheverbote weltlichen Rechts eingegangen. Insoweit freilich hebt sich Israel weitgehend von seiner damaligen Umwelt ab:

> Leviticus 18,3: Lebt nicht so wie man in Ägypten lebt, woher ihr kommt, auch nicht wie man in Kanaan lebt, wohin ich euch bringe.

Wieder stehen kultische Gebote neben Regeln zum Sozialverhalten, etwa neben dem bekannten Verbot, den Lohn des Tagelöhners über Nacht zu behalten. Dann folgen in 20,10–21 nochmals Sexualvorschriften.

Numeri 27,1–11 enthält eine jüdische Erbordnung für den Fall, daß ein Sippenvater ohne Söhne verstorben war. Auch hier dürfen wir davon ausgehen, daß die spezielle Regelung des Erbrechts der „Erbtochter“ kaum bei einem anderen Volk des Orients gefunden wird, das nicht genau dieselben Strukturen der Familie aufweist.

Deuteronomium (vielleicht aus den letzten Lebenstagen des Moses) bildet den Abschluß des Pentateuch, der aus Gen, Ex, Lev, Num, Deut besteht, und enthält in 12,1–26,19 eine sogenannte Gesetzessammlung, die wieder mit kultischen Vorschriften beginnt, mit Sozialvorschriften fortsetzt, dann aber im starken Maß Verfahrensrecht bietet: Es geht um Asylstädte, Mordverfahren, Zahl der Zeugen, falsche Aussage vor Gericht, Erbrecht, Eherecht, vorehelichen Verkehr, Ehebruch, Blutschande, Verstoßung, Fund, Nachbarschaftshilfe usw., eine bunte Mischung von Vorschriften bis zum Gebot, Dachterrassen sicher zu bauen und Vogelnester schonend auszuheben.

Zahlreiche Regeln daraus sind über die Bibel Gemeingut unseres Rechts geworden. Gute Beispiele bieten:

Deuteronomium 14,22–23: Jedes Jahr müßt ihr den zehnten Teil eurer Ernte – Korn, Wein und Öl – für den Herrn beseite legen. (In der Abgabe des „Zehnten“ erhalten geblieben)
19,15 Satz 2: Erst aufgrund von zwei oder drei Zeugenaussagen darf ein Schuldspruch gefällt werden. (Erhalten im Satz: „Durch zweier Zeugen Mund wird alle Wahrheit kund“)
23,20: Wenn du einem anderen Israeliten Geld oder Getreide oder sonst etwas leihst, darfst du dafür keinen Zins erheben. (Bekannt im „Zinsverbot“)

> 24,14–15: Wenn ein armer Mann für dich arbeitet, darfst du ihn nicht ungerecht behandeln, . . . Gib ihm seinen Lohn, bevor die Sonne untergeht, denn er braucht ihn dringend. (Der Taglohn muß am selben Tag ausbezahlt werden)

Schon um die Jahrhundertwende fanden sich Untersuchungen, die sich dem Vergleich zwischen jüdischem Recht und benachbarten Rechtsordnungen widmeten. Sie stehen am Beginn einer Tendenz, das Alte Testament insoweit aus der Religionsgeschichte in die Rechtsgeschichte zu führen. Vor allem die Altorientalistik des 20. Jahrhunderts sieht sich aus keiner Tradition gehindert, die neuentdeckten Quellen als Texte aus der Umwelt des Alten Testaments zu sehen. Es gibt kaum eine größere orientalische Untersuchung, die abseits des Religionsrechts im engeren Sinne auf Vergleiche mit dem Alten Testament verzichtet. Doch gibt es zunehmend auch Untersuchungen, die das althebräische Recht aus sich heraus untersuchen und es umgekehrt vergleichend in die alte Welt einzuordnen versuchen. So begegnen uns in der Literatur Themen wie das „Talionsprinzip“ (Aug’ um Aug’, Zahn um Zahn), die „Tierschadenshaftung“ (der stößige Ochse), „Zeugenzahl“, „Diebstahl“, „Zinsverbot“, „Bodenpacht“, „Verwahrung“ u.a.m.

3. Nach dem Ende staatlicher Existenz Israels

Ohne einen beständigen jüdischen Staat kann es für diese Zeit nicht einmal einen Ansatz zu einer jüdischen Rechtsgeschichte geben. Selbstverständlich wird das überkommene Recht überall in der antiken Welt, wohin es jüdische Gemeinschaften verschlägt oder wo sie sich bilden, tradiert. Und man lebt danach, je nach dem Maß der gewährten Freiheit oder gar Autonomie im Kernland und in der Diaspora.

Die Einstellung gegenüber der verbindlichen Rechtstradition aus der Bibel könnte nun institutionell verfolgt werden, d.h. jeweils an bestimmten Rechtseinrichtungen wie z.B. der Scheidung. Doch ist die zu betrachtende Epoche, soweit jüdisches Recht überhaupt in geschlossenen Gemeinschaften fortlebt, insoweit nur ein nicht allzu bedeutendes Stück einer Entwicklung, die bis heute reicht. Die Betrachtung richtet sich daher mehr auf die besser faßbare Rechtsquellenlehre und die rechtliche Methode. Hier ist aus jüngerer Zeit vor allem Ze^{c}ev Falk zu nennen.

Falk zählt auf, was in dieser Zeit alles an Rechtsentstehungsquellen in Frage kommt. Er nennt die Torah („Lehre“ – das Alte Testament –), geschriebene Interpretationen der Schriftgelehrten (Midraschim), mündliche Traditionen, die man hörte (Schmu^{c}a und Kabbala), Prophetensprüche, Präzedenzfälle, Kompromisse (Halacha), Fiktionen und die Gesetzgebung der großen Synode (Synedrium, Sanhedrin). Ein überaus kompliziertes System der Akzeptanz von Regeln zeigt sich darin, und sicher war das eine Ursache zahlreicher Meinungs- und Richtungsstreitigkeiten wie für Religionsparteien.

Etwas anderes sind die Argumentationsmechanismen, die Falk aufzählt. Auch sie sind bei der gegebenen Offenheit Elemente des Rechts. Sehen wir von den hier angeführten königlichen Anordnungen der Makkabäer ab, so erscheint folgendes, was wir der Jurisprudenz zuordnen würden: Das logische Raisonnement, d.h. der juristische Scharfsinn bei der Interpretation, dann die Billigkeit und Gerechtigkeit als Recht des Himmels (bona fides, Treu und Glauben) und schließlich die „Not der Stunde“ (Argumentation des Notstandes in Extremfällen).

Weit schwieriger noch ist in dieser Zeit der Katalog der Rechtserkenntnisquellen zu erstellen. Wir finden hier die Mischna („Wiederholung“), ein mündlich überliefertes „Religionsrecht“, das etwa um 200 n.Chr. abgeschlossen und aufgezeichnet wurde. Wir finden die Midraschim (Plural!), die Auslegungen der Torah seit dem Buch Ezra darstellen. Wir finden zwei Talmude (der Ausdruck kommt von dem Wort „Lernen“ und „Schüler“). In einem palästinensischen Talmud, aufgezeichnet um 400 n.Chr., und in einem babylonischen Talmud, aufgezeichnet um 600 n.Chr., wird die Mischna mit einer Diskussion darüber (Gemara = Kommentar) vereint.

In die Rechtsgeschichte ist die Diskussion über diese Tradition noch fast nicht eingebunden worden.

4. Sonderthemen jüdischer Rechtsgeschichte

Die aramäischen Elephantine-Urkunden gehören zur jüdischen Rechtsgeschichte. Diese Urkunden wurden bereits zur ägyptischen Rechtsgeschichte behandelt; im materiellen Bereich aber gehören die Urkunden eigentlich nicht zur ägyptischen Rechtsgeschichte. Denn sie spiegeln materiell jüdische Einrichtungen, freilich mit manchen Besonderheiten, die sich aus dem Kontakt mit Söldnern anderer Herkunft und mit Ägyptern ergeben haben mögen.

Die Funde vom Toten Meer sind heute Gegenstand des wissenschaftlichen Journalismus. Im Jahre 1947 hat man im Wadi Qumran am Westufer des Toten Meeres, in Höhlen versteckt, Texte, vor allem Schriftrollen zum Alten Testament, gefunden. Man erfuhr nun über diese Quellen ganz unmittelbar etwas über religiöse Gemeinschaften, von denen vorher die antiken Historiker Flavius Josephus und Philo von Alexandrien in Erwähnungen berichtet hatten. Innerhalb von 10 Jahren gab es zu den neugefundenen Quellen 1556 Bücher und Artikel. Die Literatur ist heute kaum noch zu überblicken.

Weitere Fundstellen in der Gegend sind Khirbet Mird (wo man Texte zum Alten Testament, griechische und syrische Manuskripte aus dem 5.–8. Jahrhundert n.Chr., ferner arabische und aramäische Texte fand) und ein nicht mehr zu eruierender Fundort (aus dem Verträge in Aramäisch, Hebräisch, Griechisch und Nabatäisch stammen, bei denen das Schicksal der Edition derzeit nicht zu eruieren ist). In einigen Tälern der Wüste Juda fanden sich weitere Urkunden rechtlichen Inhalts, von Elisabeth Koffmahn beschrieben. Expeditionen des früheren jüdischen Generalstabschef Yigal Yadin brachten Vertragsurkunden zutage, die noch unediert sind. Auch Textfunde aus Masada sind bekannt.

Am bedeutendsten aus den Funden des Wadi Qumran ist wohl die Klosterregel des jüdischen Essenerklosters. Spekulationen um die Nähe der Gemeinschaft der Essener zur Person Jesu und zur neuen christlichen Lehre sind ein Lieblingsthema der Spekulation.

Jordanien-Funde sind daneben fast unbemerkt geblieben. Neben anderen Funden bieten Forschungen in Jordanien 40 juristische Papyri aus den Jahren 375–325 v.Chr. Sie stammen aus Samaria und sind bislang nicht veröffentlicht.

Wadi Murabba^{c}at-Funde: Mit diesen Funden, speziell mit den sogenannten Doppelurkunden daraus, befaßte sich E. Koffmahn, auch mit den Urkunden aus dem oben genannten unbekannten Fundort. Erstmals haben wir eine größere Anzahl jüdischer Urkunden aus dem Lande selbst vor uns, die über mehr als 100 Jahre Dokumentation bieten. Wahrscheinlich wurden sie beim Bar-Kochba-Aufstand versteckt. Gab es also jüdische Rechtsautonomie auch noch nach dem Jahre 70 n.Chr.? Die Urkunden sind teils in aramäischer Sprache und Schrift, teils in hebräischer Quadratschrift, teils griechisch geschrieben. Die Einordnung in die Rechtsgeschichte der Zeit ist noch immer offen.

Jüdisches Recht erscheint auch im Neuen Testament (insbesondere der Prozeß-Jesu-Forschung). Die Forschungen zum Rechtsleben im Neuen Testament greifen vor allem die Rechtsvorstellungen aus den Parabeln auf. So finden wir bei Duncan Derrett („Law in the New Testament") Themen wie „Der Schatzfund", „Das große Gastmahl", „Die bösen Winzer", „Der Schulderlaß", „Die Überlassung der Talente" u.a.m. Die zur Erklärung herangezogenen Quellen sind jüdische Midraschim, die Mischna, Murabba^{c}at-Urkunden und die Schriftsteller Philo von Alexandrien und Flavius Josephus.

Ein ganz eigenes Thema ist dabei der Prozeß Jesu. Die Zeugnisse aus dem Neuen Testament, vor allem aus den Evangelien, zu dem, was von Gründonnerstag bis zur Auferstehung geschah, werden unter rechtlichen Gesichtspunkten analysiert. Drei verschiedene Rechtsordnungen spiegeln sich im Geschehen, das jüdische Recht im Verfahren vor den jüdischen Behörden, hellenistisches Recht in dem kurzen Zwischenspiel vor Herodos Antipas, vor allem aber römisches Recht vor dem römischen Prokurator Pilatus. Die Schwierigkeiten der Interpretation sind immens. Bietet doch die Bibel Heilsgeschehen, nicht einen Prozeßbericht. Außerdem berichten Laien, nicht Juristen, die wohl anderes für wesentlich erachtet hätten. Und schließlich steht der Bericht bei allen Evangelisten-Autoren unter dem Verdacht antijüdischer Tendenzen.

Zeittafel zur Jüdischen Rechtsgeschichte

3. Jahrtausend v.Chr.	Nomadenzeit, Wanderungen der Klans zwischen Ur und dem Mittelmeer
18. Jh. v.Chr. bis 15. Jh. v.Chr.	Hebräer in Ägypten, für etwa 4 Jahrhunderte (Halbnomadenzeit)
15. Jh. v.Chr.(?)	Auszug aus Ägypten, wahrscheinlich unter Amenophis II (1447–1420 v.Chr.): „Exodus" 12, 31 ff.
13. Jh.v.Chr.	Israels Stämme bereits in Kanaan ansässig; Streusiedlung unter anderen Völkern: „Richter"
1025–586 v.Chr.	Zeit der „Könige"
1010–955 v.Chr.	Saul, David, Salomo
Nach Salomos Tod	Spaltung in Juda (Jerusalem) und Israel (Samaria)
722 v.Chr.	Ende Israels. Deportationen unter den Assyrern (Salmanassar)
586 v.Chr.	Ende Judas. Deportationen unter den Assyrern (Nebukadnezar I)
538 v.Chr.	Ende der „Babylonischen Gefangenschaft". Rückwanderung eines Teils der Juden unter den Persern (Kyros)
445 v.Chr.	Nehemia als persischer Gouverneur in Jerusalem
331 v.Chr.	Sieg Alexanders des Großen über die Perser und Beginn der hellenistischen Zeit

198 v.Chr.	Im Streit der hellenistischen Herrscher fällt Jerusalem an die Seleukiden
170 v.Chr.	Makkabäer-Aufstand
37 v.Chr.	Römische Oberherrschaft
66 n.Chr.	Erster jüdischer Krieg
70 n.Chr.	Zerstörung Jerusalems durch die Römer
132–135 n.Chr.	Bar-Kochba-Aufstand

IX. Der christliche Orient

1. Frühe kirchliche und weltliche Rechtsgeschichte im Vorderen Orient

Christen und Umwelt: Die Christen des Vorderen Orients und schließlich des gesamten Mittelmeerraumes traten mit der Annahme des christlichen Glaubens nicht aus der für sie bis dahin maßgeblichen Rechtswelt heraus. Sie waren weiterhin Juden, Stadtgriechen, z.B. in Antiocheia oder in einer anderen hellenistischen Stadt, Römer, d.h. römische Bürger, Edessener, Armenier, Perser, Araber eines bestimmten Stammes oder Ägypter. Die Rechtsordnung, nach der sie bis dahin lebten, veränderte sich auch dann nicht, wenn ihr Christen in größerer Zahl angehörten. Die Christen heirateten wie bisher nach ihrem Recht, waren Freie oder Sklaven in ihrer traditionellen Welt, machten Geschäfte, verdingten sich, wie es rechtens war, und behielten ihre überkommene gerichtliche Zuständigkeit bei. Von ihrem Glauben aus freilich veränderten sie ihr Leben dem angestrebten Ideal zufolge nach den ethischen Anforderungen des Christentums. So wissen wir, daß die persischen Christen etwa den nach ihrem Recht erlaubten Inzest ablehnten. Wir erfahren weiter, daß aus Gründen des Glaubens von der rechtlichen Möglichkeit der Scheidung der Ehe nicht Gebrauch gemacht werden durfte und weithin nicht Gebrauch gemacht wurde. Wir hören, daß das Los der Sklaven von christlichen Herren gemildert wurde und daß im Geschäftsleben das jüdisch-christliche Zinsverbot beachtet wurde. Eine besondere weltliche Rechtsordnung speziell für Christen aber gab es nicht, auch dort nicht, wo sich größere und gar abgeschlossene christliche Gemeinden bildeten. Das Verhältnis von Recht und Christentum war das Verhältnis von Recht und Moral.

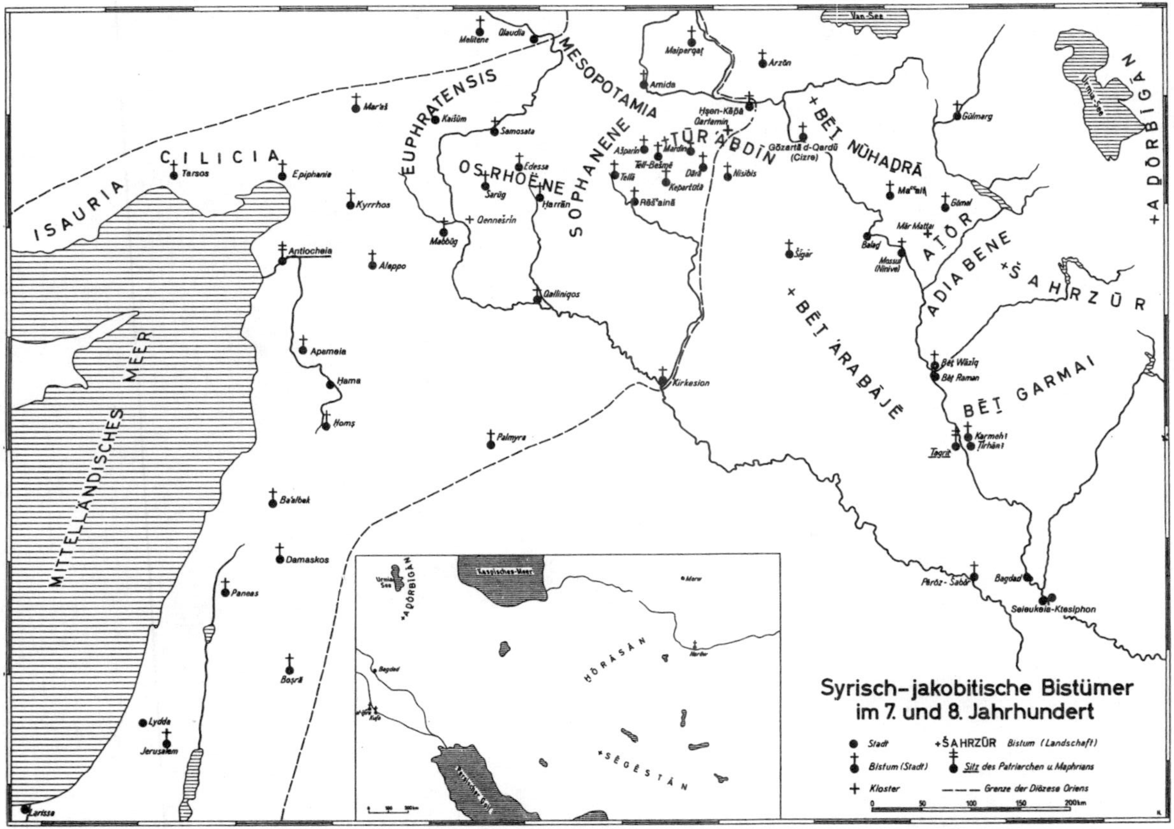

Karte zum christlichen Orient

Erst mit der Anerkennung des Christentums durch den Staat seit Konstantin I im Toleranzedikt von 319 n.Chr. konnte es geschehen, daß christlich-ethische Vorstellungen in das staatliche Recht übernommen wurden. In der Römischen Rechtsgeschichte ist dieses Thema für die Zeit seit Konstantin I vielfach behandelt. Im byzantinischen Staat schließlich ist die rein theoretische Identifikation der Inhalte staatlichen und kirchlichen Rechts Teil der Staatsideologie.

Kirchliches Recht: Die Kirche selbst, in den Anfängen stets als Gemeinschaft einer Ortskirche, d.h. Stadtkirche, verstanden, entwickelte sich freilich schon früh als Rechtskirche. Die synagogal organisierte Ekklesia der Judenchristen bleibt dabei wohl ohnehin zunächst in den tradierten Rechtsformen. Doch auch sonst, in den heidenchristlichen Gemeinden, ist der heute oft genannte Gegensatz von Liebeskirche und Rechtskirche eher ein romantischer Traum als Realität. Die Anfänge rechtlicher Betrachtung beginnen alsbald mit Regeln über die Organisation dieser Kirche, über die Legitimation ihrer Leiter, über die Zugehörigkeit durch die Taufe und über deren abgestufte Vorbereitung. Man denke nur an den langwierigen, genau geordneten Aufstieg bis zur Taufe in den Stufen des Katechumenats. Rechtlich war dann auch gleich die Diskussion über die Behandlung derer, die in Zeiten der Verfolgung in Rom oder in Persien vom Glauben abgefallen waren und den Göttern geopfert hatten. Besonders die Meinungen darüber waren in den Ortskirchen nicht einheitlich. Das erforderte eine Abstimmung des Verhaltens unter den einzelnen Ortskirchen, erforderte Zusammenkünfte (Synoden) und Gespräche der Oberen und endete mit der Aufzeichnung der im Gespräch vereinbarten Regeln. Das Ergebnis war zumindest regional einheitlich geltendes Bußrecht für die Abgefallenen.

Mit dem Ende der Verfolgung durch Rom in der Zeit nach Diokletian mußten sich neue Organisationsprobleme zeigen. Bisher hatten sich z.B. die Gemeinden in Mesopotamien organisatorisch recht unabhängig von denen in Karthago, Rom, Alexandreia in Ägypten, Antiocheia in Syrien und anderen entwickelt. Nun war die Verbindung untereinander offen und es mußten wichtige Organisationsfragen geklärt werden, die Stellung der Ortsbischöfe zueinander, die Hierarchie im Ortsklerus, die Stellung der Frau in der Gemeinde und ihre Zulassung zu Presbyterat und Diakonat, die Bedeutung der Ehe, die Ordnung des mönchischen Lebens, die Einkünfte der Kirche und deren Verteilung und vieles anderes mehr. Mit diesen Fragen befassen sich nunmehr die häufiger zusammentretenden Synoden der Bischöfe. Und diese Synoden greifen jetzt über den bisherigen engen Raum hinaus, werden aus Lokalsynoden zu allgemeinen Synoden der Kirche.

Die Geschichte kirchlicher Rechtssammlungen: Die Geschichte der frühen kirchlichen Rechtssammlungen läßt sich recht gut verfolgen. Sie zeigt sich literarisch mit einem ersten kleinen Kern von Synoden in den kleinasiatischen Städten Ankyra und Neokaisareia. Benachbarte Bischöfe wollten sich zu Beginn des 4. Jahrhunderts in ihrem Verhalten zu den abgefallenen Gemeindemitgliedern abstimmen und trafen einander zur Beratung. Sie hielten dann das Ergebnis ihrer Beratung in einem Protokoll zur Synode fest, mit Anwesenheitsliste und Unterschriften. Solche Treffen wurden dann zur festen Einrichtung wie uns weitere Synoden der Zeit, in Gangra, Antiocheia, Laodikeia und in Nikaia zeigen. Die erste Aufzeichnung aus Ankyra-Neokaisareia hat man anscheinend um die Ergebnisse der weiteren Synoden fortgeschrieben und die einzelnen Bestimmungen in der jeweils neuen Sammlung sogar durchgezählt. Noch die Synode von Chalkedon (451 n.Chr.) baute so auf einer alten, in den Kanones durchgezählten Sammlungsvorlage auf, die man heute der griechischen Sprache und der Nähe zum Oberbischof von Antiocheia wegen als Corpus Antiochenum Graecum bezeichnet.

Im Bereich Syriens bildete sich jedoch schon früh eine weitere Tradition von Vorschriften, die man durchaus als Rechtsregeln bezeichnen könnte. Sie wurden zum Teil Jesus Christus selbst zugeschrieben und als „Testament Jesu Christi bei seiner Himmelfahrt" bezeichnet. Sie sind aber das Werk frommer Christen, die frühe, mündlich tradierte Ordnungsregeln zur Gestaltung des Kirchenbaues, zur Auswahl der Diakone, geweihten Witwen, Presbyter und Bischöfe und zu den Opfergaben mit höherer Autorität versehen wollten. Zu einem anderen Teil werden die Apostel, einzeln oder insgesamt, als Urheber bezeichnet. Darin liegt erneut ein Legitimationsversuch späterer Autoren. Die variierenden, anscheinend immer neu redigierten Sammlungen solcher Regeln oder Kanones, wie man sie griechisch nennt, benutzten die gleichen Teile, veränderten sie, reicherten sie an oder kürzten sie. Eine erste Komposition dieser Art dürfte die Didache gewesen sein, später erweitert zur Apostolischen Kirchenordnung, diese wieder zum Syrischen Oktateuch mit seinen vielen Filiationen. Daneben stehen noch die Didaskalie und die Lehre des Apostels Addai als vorgeblich apostolisches Material. Erst die neuere Forschung bringt etwas Licht in die überaus verworrene Geschichte der reich überlieferten Texte. Eben dieses Material erscheint in den kirchlichen Sammlungen des Ostens aus dem 5. Jahrhundert erstmals mit den Synodalberichten literarisch verbunden. Die Verbreitung und Anreicherung dieser größeren Sammlung im Orient ist eine eigene, komplizierte, mit der Geschichte der christologischen Streitigkeiten eng verbundene Geschichte. In den lateinischen Westen gelangte das Material vielleicht durch Dionysius Exiguus, ohne dort jene Bedeutung zu erlangen, die ihr im Osten bis heute zugemessen wird.

In den lateinischen Westen sind die östlichen Sammlungen in Teilen oder als Ganzes gelangt. Vereinzelte Handschriftenfunde zeigen das. Bedeutung erlangt das frühchristliche Material im Westen anscheinend nicht. Denn als Gratian im 9. Jahrhundert mit seiner Sammlung den Grundstock des heutigen Kirchenrechts im Abendland formte, blieb das alte Recht der Kirche unbeachtet.

2. Die Sonderentwicklungen der orientalischen Kirchen

Der Weg von Antiocheia nach Persien: Eine von Antiocheia am Mittelmeer ausgehende, den Handelswegen nach Mesopotamien folgende christliche Mission erreichte wohl zuerst die jüdischen Gemeinden der Diaspora dieses Raumes bis hinunter nach Basra und Bahrain, ja bis zu den jüdischen Niederlassungen in Kerala. Es gibt manche Hinweise – etwa aus Afrahat dem persischen Weisen –, daß das Christentum der mesopotamischen Region Persiens in seiner Isolation vom römischen Westen noch im 4. Jahrhundert besonders stark in der jüdischen Tradition stand.

Die starke Isolation der Christen Mesopotamiens und Persiens beruhte auf den kriegerischen Auseinandersetzungen zwischen Rom und dem Sassanidenreich. Durch das obere Mesopotamien verlief die im Kriegsglück gelegentlich wechselnde Grenze der Herrschaftsbereiche. Die Christen unter sassanidischer Herrschaft waren demnach im Reich der persischen Magier nicht nur aus religiösen Gründen verfolgt; sie wurden auch für politisch unzuverlässig gehalten. Jeder Kontakt der persischen Christen, besonders ihrer Bischöfe, mit dem Westen, d.h. mit dem römischen Gebiet und der Mutterkirche, stand unter dem Verdacht des Landesverrats. Als nun im Verlauf der christologischen Streitigkeiten um die Natur Christi die der nestorianischen Lehre zugeneigte theologische Hochschule von Edessa nach der Verurteilung ihrer Lehre in der Synode von Ephesos bedroht war, zog sie in den persischen Machtbereich nach Nisibis, dem heutigen südosttürkischen Nusaybin. Damit gewann die spätere, politisch geforderte Lostrennung der persischen Kirche von der römischen Reichskirche ihre theologische Rechtfertigung. Diese persisch-nestorianische Kirche konnte sich in moslemischer Zeit zu einer großen Kirche entwickeln. In ihrer Glanzzeit umfaßte sie etwa 8 Millionen Gläubige und reichte in ihrer Mission bis nach China und in die Mongolei.

Doch waren nicht alle Christen des persisch-sassanidischen Raumes Nestorianer geworden. Anhänger Antiocheias konnten sich besonders im Raum um Mossul halten. Doch auch sie zeigen sich alsbald wieder untereinander gespalten. Ihre Geschichte mündet einerseits in die der monophysitischen Kirche Syriens, andererseits in die Geschichte der orthodoxen Byzantiner ein.

Die Monophysiten Syriens und Mesopotamiens: Die vehemente Ablehnung der nestorianischen Lehre von den zwei Naturen Christi brachte das andere Extrem hervor, die überstarke Betonung einer einheitlichen Natur. Die Verurteilung dieser Lehre (Monophysitismus) auf der Synode von Chalkedon im Jahre 451 n.Chr. führte nach längerer wechselvoller Haltung des römisch-byzantinischen Staates am Beginn des 6. Jahrhunderts zu einer Verfolgung der Anhänger der Lehre, besonders im Vorderen Orient und in Ägypten. Das Ergebnis in Syrien war, daß sich, gestützt auf ein kämpferisches Mönchtum und sichere Klöster im Bergland des oberen Mesopotamien, eine eigene Kirche organisierte. Sie wird oft nach ihrem Organisator Jakob Baradai als jakobitische Kirche, häufiger aber als westsyrische Kirche im Unterschied zur nestorianischen, ostsyrischen Kirche benannt. Heute ist sie als syrisch-orthodoxe Kirche bekannt. Da die Spaltung auch auf die nicht nestorianisch gewordenen Christen des sassanidischen Herrschaftsbereich übergriff, gab es fortan auch dort eine eigene monophysitische Hierarchie unter einem Oberbischof, der zumeist in dem Kloster Mar Mattai im Bergland nordöstlich von Mossul residierte.

Die Monophysiten Ägyptens: Die Monophysiten Ägyptens gehen organisatorisch von vornherein einen eigenen, von den Westsyrern getrennten Weg, auch wenn sie sich ihnen stets im Glauben verbunden fühlen und zeigen. Man nennt sie Kopten, nach einer Vereinfachung des griechischen Ausdrucks „Aigyptoi", „Ägypter". Ihr Zentrum war Alexandrien, wo sie sich nach der Spaltung neben einer starken byzantinisch gebliebenen Gemeinde befanden. Ihre Anhänger aber waren ähnlich wie in Syrien vorwiegend die Leute vom Land. Die Stadtbewohner griechischer Tradition blieben eher byzantinisch. Die monophysitische Kirche von Alexandrien wurde alsbald zur Mutterkirche von Äthiopien. Das ist für die Verbreitung der kirchlichen Rechtsquellen eine bedeutsame Tatsache.

Die Maroniten: Im Versuch, eine Kompromißformel zwischen den verschiedenen christologischen Richtungen innerhalb des byzantinischen Reiches zu finden, kam es zur monotheletischen Lehre. Sie blieb letztlich ohne Erfolg; einer Wiedervereinigung standen vor allem die politischen Verhältnisse im Wege. Nur eine kleine Gruppe um das Kloster des Hl. Maron im Tal des Orontes, südlich von Antiocheia hielt an der Kompromißformel fest. Sie bildete eine weitere kirchliche Sonderorganisation im Vorderen Orient aus. Nach dem Hl. Maron werden sie Maroniten genannt. Maroniten finden sich heute vorwiegend im Libanon. Sie waren nach ihrem Selbstverständnis stets reichskirchlich. Nach der Spaltung zwischen Rom und Byzanz konnten sie sich, die sich von Byzanz stets abgrenzten, als römisch-katholisch verstehen.

Die Armenier: Die Mission von Antiocheia aus erreichte über das erste christliche Königreich Edessa auch das Königreich Armenien. Als ein armenischer Herrscher um die Wende vom 3. zum 4. Jahrhundert n.Chr. durch Gregor den Erleuchter zum Christentum bekehrt wurde, war bereits der Grund für eine spätere eigene armenische Kirche gelegt. Politisch gegen Byzanz und gegen Persien gerichtet, begleitete die kirchliche Sonderorganisation die nationale Idee der Armenier. Ihre Einstellung in den christologischen Streitigkeiten war zu jener Zeit nicht eindeutig. Die Tradition der Literatur, auch der Rechtsliteratur, folgt aber klar jener der Westsyrer. Diese Tradition bestimmt somit bis zur offiziellen Trennung von der Reichskirche den Quellenbestand.

Die griechisch-byzantinische Orthodoxie: Die östliche Reichskirche behielt bei allen Spaltungen im gesamten Orient bis in die fernsten Missionsgebiete in Afghanistan Anhänger. Und sie konnte für diese stets eine eigene kirchliche Organisation beibehalten, selbst als der Islam in den byzantinischen Herrschaftsbereich vordrang. „Griechen“ oder „Kaiserliche“ (Melkiten), wie sie genannt wurden, gab es so mit Gemeinden, Bischöfen und einem Patriarchen in Antiocheia auch in Mesopotamien, in Alexandrien, in Syrien und Palästina und in Armenien. Die Organisation überlebte sogar das Ende der der Ideologie nach für Byzanz geführten Kreuzzüge. Rom gegenüber nahmen sie in der Trennung zwischen West und Ost den Standpunkt von Byzanz ein, nennen sich daher noch heute griechisch-orthodox. Doch lösten sie sich bald organisatorisch von Byzanz. Der heute in Damaskus residierende Patriarch ist autokephal, d.h. selbst das Haupt seiner Kirche. Und sie nahmen für ihre Liturgie bald das Arabische statt des Griechischen an. Ihre Rechtstradition ist – mit einigen Besonderheiten – byzantinisch.

Kerala und die Thomaschristen: Die Indienmission, die über Mesopotamien und die syrischen Kirchen, besonders die nestorianischen Bistümer in der Persis führte, schuf Gemeinden an der Südwestküste Indiens. Reiseschriftsteller des 16. / 17. Jahrhunderts berichten sogar von christlichen Herrschern. Nestorianer und Monophysiten waren im Endergebnis dominant. Die britische und portugiesische Kolonialgeschichte und die Unionsbewegung hinterließ davon ein kaum noch zu überblickendes Spektrum lateinischer, evangelischer, unierter und orthodoxer Kirchen verschiedener Richtung.

3. Eine Literaturgeschichte kirchlichen Rechts im Orient

Die gemeinsame Basis: Alle eben genannten orientalischen Kirchen bauen auf derselben reichskirchlichen Basis auf, wie sie sich für sie zur Zeit der Spaltungen darbot. Am frühesten scheiden die Nestorianer aus diesem gemeinsamen Strom der Rechtsquellen aus. Am längsten verbleiben die Byzantiner („Griechen") in diesem gemeinsamen Strom. Gemeinsam ist allen das Material, das auf Jesus selbst oder die Apostel zurückgeführt wird, gemeinsam sind auch noch die Synoden bis zu Konstantinopel I (aus dem Jahre 381 n.Chr.), gemeinsam sind auch noch die Väter der alten Kirchen, Chrysostomos, Gregor von Nyssa, Basileios und andere. Man könnte daraus ein Bild des noch gemeinsamen frühen Kirchenrechts zeichnen. Doch ist in der abendländischen Kirche der Blick auf die alten Quellen völlig verlorengegangen. Spätestens im 9. Jahrhundert n.Chr. richtet er sich auf neue Quellen des Westens. Westliche Darstellungen der Geschichte des Kirchenrechts verzichten daher auf die frühe Epoche und deren Quellen fast gänzlich. Die ungebrochene Tradition in den orientalischen Kirchen ist sich andererseits des Schatzes ihrer gemeinsamen Tradition nicht recht bewußt.

Die separaten Entwicklungen: Auf der genannten gemeinsamen reichskirchlichen Basis werden jedenfalls in den auseinanderstrebenden Kirchen die Sammlungen kirchlichen Rechts fortgeschrieben. Nun sind es die jeweiligen Synoden der eigenen Kirche, die beigefügt werden, die eigenen Kirchenväter aus der Zeit der Trennung und der Verfolgung, und die eigene monographische Literatur zu Rechtsfragen im weitesten Sinne. Die Sammlungen werden Synodika genannt, weil synodales Material im Vordergrund steht und die Vorstellung herrscht, die Sammlungen selbst seien irgendwann einmal synodal approbiert worden. Das Ergebnis kann sich als Werk der Literatur bei allen Kirchen sehen lassen. Etwa 80 Werktitel enthält die Sammlung der Nestorianer, weit mehr als 80 die Sammlung der Westsyrer, ähnlich breit sind auch die noch weniger erforschten ähnlichen Sammlungen der Armenier, Kopten und Melkiten.

Die Werke weltlichen Rechts: Die kirchenrechtlichen Sammlungen sind nicht nur Zeugnisse religiöser, sondern häufig auch nationaler Identität. Als solche dürften sie auch Werke aufgenommen habe, die in der Sprache der eigenen Quellen überliefert waren, aber nicht eigentlich – der Sache nach – zum Quellenkanon christlicher Tradition gehörten. Sie bedeuten Fremdkörper in den Sammlungen, deren Vorhandensein besonderer Rechtfertigung bedarf, die es aber bis heute nicht gibt. Es handelt sich zum einen um zwei Werke aus dem Bereich des Römischen Rechts, die Sententiae Syriacae und das Syrisch-Römische Rechtsbuch, zum zweiten um zwei Werke aus dem moslemischen Recht, das Erbrecht des Johannes V und das Ehe- und Erbrecht des Abdischo Bar Bahriz, zum dritten um zwei Werke aus dem byzantinischen Recht, die Ekloge und den Procheiros Nomos. Die traditionelle Erklärung war, die Aufnahme sei geschehen, um die Werke in der autonomen weltlichen Gerichtsbarkeit der Bischöfe (episcopalis audientia) zu verwenden. Dafür gibt es bislang keine Belege. Die Sammlungsgeschichte zeigt eher rein literarisches Interesse an den genannten Quellen als praktisches.

Die dem Inhalt nach älteste der genannten Sammlungen sind die Sententiae Syriacae Die Quelle bietet rein römisches Recht, vor allem aus diokletianischer Zeit, spezieller noch der Jahre 293 und 294 n.Chr., mit einigen Zusätzen späterer Redaktionen aus der Zeit Konstantins I und Leos I. Die Darstellung in 102 Texten zu verschiedenen Themen hat die Form der Paraphrase, d.h. der umschreibenden und dabei leicht vereinfachten Wiedergabe. Sie erinnert an ähnliche, nicht gerade zahlreich überlieferte lateinische Paraphrasen von römischen Rechtstexten aus dem Westgotenreich. Bedeutsam ist der Text der Sententiae Syriacae vor allem deshalb, weil es sich wie beim Syrisch-Römischen Rechtsbuch um die syrische Übersetzung einer griechischen Vorlage handelt, im Unterschied zum Syrisch-Römischen Rechtsbuch aber um das bisher einzige im Osten erhalten gebliebene Werk spätklassischen Kaiserrechts. In einer armenischen Weiterübersetzung gehört das Werk auch zur armenischen Rechtstradition.

Das Syrisch-Römische Rechtsbuch dürfte dem Inhalt nach ein Jahrhundert nach den Sententiae Syriacae entstanden sein. In seiner ausführlichsten Version enthielt es ca. 160 Rechtstexte zum römischen Recht. Sie spiegeln freilich in ihren Fakten – von denen die stets römische Entscheidung zu trennen ist – nicht die reine römische Welt der Sententiae Syriacae, sondern das Leben und eine zum Teil unrömische Urkundenpraxis der östlichen Provinzen. Auch hier war die Vorlage des Übersetzers ein griechisch geschriebenes Werk, das zuerst ins Syrische, dann vom Syrischen auch in das Arabische und Armenische übersetzt wurde. Verbreitet ist es bei allen oben genannten orientalischen Kirchen, sei es als geschlossenes Werk, sei es in Zitaten. Die literarische Form ist zum Teil wieder die der Textparaphrase, zum Teil aber auch – und hier ist dieses Werk einzigartig – die des großen Traktats zu ganz bestimmten Themen. Die Überschrift „Gesetze der siegreichen Kaiser Konstantin, Theodosius und Leo" ist sicher ein spätes Konstrukt, das sich an Zitaten aus dem Text orientierte.

Das „Erbrecht", das Johannes V, einem nestorianischen Patriarchen, zugeschrieben wird, findet sich in syrischer und arabischer Sprache überliefert. Es enthält ausschließlich moslemisches Recht – nicht nur Erbrecht, sondern auch Eherecht und Sklavenrecht –, dessen Tradition unter christlichen Quellen doch etwas merkwürdig ist. Eine überzeugende Erklärung für die Aufnahme fand man bisher nicht.

Das syrische geschriebene „Ehe- und Erbrecht" des Abdischo Bar Bahriz bietet ebenso Erbrecht moslemischer Herkunft. Das Eherecht ist jedoch christlicher Herkunft. Das in einigen Redaktionen mitüberlieferte Sklavenrecht ist wieder moslemisch. Die Quelle gehört zur nestorianischen Tradition. Ihr Autor Abdischo Bar Bahriz war im 11. Jahrhundert nestorianischer Metropolit von Harran, später von Mossul und Arbela.

Die byzantinischen – im Kapitel „Rom und Byzanz" bereits behandelten – Werke „Ekloge" und „Procheiros Nomos" finden sich in arabischer Sprache in der griechisch-orthodoxen Tradition der melkitischen Kirche, aber auch bei den Kopten. Sie gehören dort neben dem Syrisch-Römischen Rechtsbuch und einer Sammlung mosaischen Rechts zu den „Vier Büchern Kanones der Könige."

Werke aus kirchlicher Gerichtsbarkeit: Die nestorianische Tradition zeigt als einzige auch Rechtswerke, die sicher mit der Praxis kirchlicher Gerichtsbarkeit zu tun haben oder doch von ihr angeregt worden sein könnten. Diese Praxis hat nicht nur mit kirchlichen Fragen in einem modernen und engen Sinn zu tun, sondern auch mit weltlichen Fragen oder mit solchen, die beide Bereiche betrafen. Denn nicht nur in den Fragen um Ehe und Familie und damit auch das Erbrecht, wo der religiöse Status eine Beurteilung durch andere als die kirchlichen Oberen verbot, gab es eine kirchliche Autonomie. Vielmehr war der Bischof auch in alltäglichen Rechtsstreitigkeiten der Richter in seiner insoweit im Sassanidenreich wie unter dem Islam autonom lebenden Gemeinde.

Im Rechtsbuch des Henanischo^{c} I (nestorianischer Patriarch, gewählt 686 n.Chr.) finden sich richterliche Entscheidungen, Sendschreiben zu konkreten Rechtsfragen und schmale Ansätze zu allgemeinen Regeln erbrechtlicher Natur. Der Grund für die Abfassung wird angegeben; er ist die Aufgabe der kirchlichen Sorge für Witwen und Waisen.

Der nestorianische Patriarch Timotheos I (der Große), der von 780–823 n.Chr. regierte, war Höfling des liberalen Kalifen Harun al Raschid. Timotheos war ein bekannter Kulturmittler zwischen dem Erbe der griechischen Philosophie und Naturwissenschaft und dem

Islam, letztlich damit auch Kulturmittler zum Abendland. Er verfaßte eine für die Praxis kirchlicher Gerichtsbarkeit bestimmte „Taxis kirchlicher und erbrechtlicher Entscheidungen“ in 99 Paragraphen, meist Ehe- und Erbrecht.

Der Gegner und Nachfolger des Timotheos I, Patriarch Ischo^{c} bar Nun verfaßte ebenso ein Rechtsbuch für die kirchliche Gerichtsbarkeit. Neben Ehe- und Erbrecht werden hier – speziell für die Klerikerdisziplin - auch strafrechtliche Tatbestände genannt.

Die nestorianische Mission in den persischen Osten verbreitete die gut geordnete kirchliche Organisation zuletzt bis nach Afghanistan. In der Persis gab es in der Mitte des 7. Jahrhunderts bereits einen Erzbischof mit Metropolitansitz in Rew Ardaschir, mit Namen Simeon. Er verfaßte in mittelpersischer Sprache ein Rechtsbuch für kirchliche Zwecke. Es ist nicht verwunderlich, daß es auch persisches Rechtsdenken spiegelt, den Erforscher damit in das Fachgebiet der rechtlichen Iranistik führt. Die mittelpersische Vorlage ist nicht mehr erhalten, wohl aber eine von Timotheos I veranstaltete syrische Übersetzung.

Ein später Nachfolger des Simeon war Ischo^{c}bokt, zum Ende des 8./ Anfang des 9. Jahrhunderts n.Chr. Erzbischof von Rew Ardaschir. Von ihm stammt eine „Schrift über die Rechtsentscheidungen“, erneut in mittelpersischer Sprache verfaßt. Auch sie gibt es nur in einer von Timotheos I veranstalteten Übersetzung. Dieses Werk enthält auch rechtstheoretische Teile, die eindeutig von der indischen Avesta beeinflußt sind. Im praktischen Teil zeigt es neben Ehe- und Erbrecht auch Schuldrecht und Prozeßrecht.

Dem Ehe- und Erbrecht widmen sich eine Reihe späterer nestorianischer Kompilationen. Wir stehen dabei noch ganz am Anfang aller Forschung. Ein Autor Elias I, Patriarch der Nestorianer, sammelte Auszüge aus älterem Material zum Thema und versuchte dann, daraus ein „System" zu schaffen. Ein anderer Elias, Metropolit von Nisibis, hat die Versuche des Patriarchen wohl fortgeführt. Und noch ein anderer Metropolit, Georg von Arbela und Mossul, hat sich dem Thema in derselben Zeit gewidmet.

Gänzlich unerforscht sind ähnliche Werke zum Erbrecht aus den großen koptischen Sammlungen. Bis heute fehlt es selbst noch an Ansätzen zu ihrer Identifikation.

4. Die späten systematischen Sammlungen

Die Synodika als zeitlich geordnete Sammlungen geschlossener Werke aus dem kirchlichen und weltlichen Bereich waren in ihrem gewaltigen und damit unübersichtlichen Material für den Leser zu beschwerlich. Das drängte zu systematischen Sammlungen. Überall im Orient wurden dabei die kirchlichen Kanones (Regeln) und die weltlichen Nomoi (Gesetze) zu Nomokanones komponiert. Während im byzantinischen Staat und in der rechtlichen Autonomie der Nestorianer die praktische Bedeutung solcher Nomokanones einleuchtet, ist im übrigen eher ein Systembedürfnis der Verfasser der Anlaß zu ihrer Schaffung.

Die Ostsyrer: Den ersten Nomokanon der Nestorianer, von dem wir Kenntnis haben, verfaßte Gabriel von Basra. Es handelt sich um ein systematisches Werk des 9. Jahrhunderts in zwei Teilen, hier innerhalb des Werkes getrennt nach kirchlichem und weltlichem Recht, in syrischer Sprache, das fragmentarisch erhalten ist.

Ungefähr zu gleicher Zeit wirkt Elias al-Gauhari, nestorianischer Metropolit von Damaskus. Seine Sammlung ist unediert, ein noch zu erforschender Text in arabischer Sprache. Er fällt in die Zeit des Übergangs zum Arabischen, während das Syrische erst später wieder eine Renaissance erlebt.

Ibn at-Taiyib lebt zu Beginn des 11. Jahrhunderts. Er ist Mönch, Priester, Arzt, Leiter einer medizinischen Hochschule am Hof Harun al Raschids. Er schuf das „Recht der Christenheit“ (Fiq an nasraniya), einen Nomokanon in arabischer Sprache in Anlehnung an Gabriel von Basra und an Abdischo Bar Bahriz. Dieses Werk erfuhr dank seiner arabischen Sprache bald Aufnahme bei den Kopten.

In der Renaissance des Syrischen entsteht die abschließende Sammlung des nestorianischen Metropoliten von Nisibis, Abdischo Bar Berika, gestorben 1318, eines Universalgelehrten. Wieder finden sich Anlehnungen an frühere Sammlungen. Besser bekannt ist das Werk unter dem Titel der lateinischen Übersetzung von Vosté „Ordo iudiciorum ecclesiasticorum“. Approbiert auf einer Synode, hat es noch heute große Autorität bei orthodoxen Nestorianern (Assyrern) und katholischen Chaldäern. Dazu gibt es von ihm noch ein weiteres zweiteiliges Sammelwerk, die lateinisch (nach der Übersetzung) sogenannte Collectio canonum Synodicorum. Es ist ein Werk, das stärker die Quellen selbst in historischer Folge sprechen läßt, aber im Verlauf der Darstellung zur Exzerptensammlung und schließlich zum System wird.

Die Westsyrer: Hier gibt es einen Schriftsteller, der ebenso berühmt ist wie sein ungefähr zeitgleicher nestorianischer Kollege Abdischo Bar Berika, nämlich Gregor Abul Farag Bar Ebraya, Maphrian des Ostens, Metropolit von Tagrit und Mossul. Er schafft eine Sammlung in 40 Büchern. Davon sind 8 Bücher aus dem gesamten überkommenen synodalen Material genommen, zum Teil mit eigenen reformerischen Beiträgen. Auch hier stehen kirchliches Recht und weltliches

Recht nebeneinander. Aber das weltliche Recht – ab dem Buch 9 – stammt aus moslemischem Recht.

Die Maroniten: Es ist ungeklärt, wie weit sich die maronitische Tradition auf Synodika der Melkiten stützt. Solche Synodika sind jedenfalls auch unter dem Namen maronitischer Autoren im Umlauf.

Die maronitische Tradition beruht jedenfalls noch heute auf der großen nomokanonischen Sammlung des Metropoliten David (11. Jahrhundert). Ihr Titel ist Kitab al Huda. Die Elemente, aus denen es komponiert ist, finden wir wohl bei allen Kirchen des Vorderen Orients. Die literarische Entstehungsgeschichte ist aber noch zu erforschen.

Die arabischen Griechisch-Orthodoxen (Melkiten): Hier ist uns kein eigener Nomokanon überliefert. Doch ist das reiche synodale Material der Byzantiner, wie es sich in der griechisch-orthodoxen Kirche zeigt, immer wieder neu überliefert worden. Darunter findet sich eine kleine geschlossene Sammlung, die „Vier Bücher Kanones der Könige" bestehend aus dem Procheiros Nomos, dem Syrisch-Römischen Rechtsbuch, den „Geistlichen Kanones" und den „Satzungen aus dem Alten Testament", konkret den Büchern Exodus bis Deuteronomium. Die koptischen Sammlungen enthalten ebenfalls die „Vier Bücher Kanones der Könige". Doch fehlen dort gelegentlich die Satzungen aus dem AT. Stattdessen findet sich eine arabische Ekloge mit lex militaris und lex Rhodia, alle ihrerseits byzantinischen Ursprungs.

Die Kopten: Die großen koptischen Sammlungen sind teils systematische, teils nach Vorlagen in Exzerpten komponierte Werke. Zu nennen sind hier vor allem Werke des Makarios und des as-Safi Ibn al-Assal (13. Jahrhundert). Die Forschungen dazu gehen noch nicht weit. Ebenso wäre noch zu nennen die eher quellenorientierte theologische Enzyklopädie des Abu'l-Barakat Ibn Kibr aus dem 14. Jahrhundert.

Die Äthiopier: Die äthiopische Tochterkirche Alexandriens ist auch in ihren Rechtsquellen eng an die koptische Kirche gebunden.

Hier ist aus dem Bereich der weltlichen Quellen der Fetha Nagast zu nennen, das „Recht der Könige", wahrscheinlich nach den „Vier Büchern Kanones der Könige" der Kopten benannt. Die Folge ist eigentlich kurios: In der äthiopischen weltlichen Herrschaft galt damit noch bis in das 19. Jahrhundert römisches Recht, teils über das Syrisch-Römische Rechtsbuch, teils über byzantinische Quellen.

Die Armenier: Die immer weiter fortgeschriebenen armenischen Synodika werden wie die der anderen orientalischen Kirchen eines Tages Bausteine für systematische Sammlungen weltlichen und kirchlichen Rechts. Eine abschließende Zusammenstellung allen Rechts, auch des weltlichen Rechts, zu dem das Syrisch-Römische Rechtsbuch in armenischer Version gehört, erfolgte durch Mechitar Gosch, Ende des 12. Jahrhunderts. Die Autorität der Sammlung ist so groß, daß dieses Recht mit den armenischen und georgischen Emigranten mitwandert. Wir können es bis nach Lemberg, nach Moldavien und nach Transsylvanien verfolgen.

Zeittafel zum Christlichen Orient

um 100 n.Chr.	Christentum in Edessa und Adiabene
um 200 n.Chr.	Edessa christliches Königreich
um 220 n.Chr.	Bistümer im östlichen Mesopotamien
301 n.Chr.	Christentum Staatsreligion in Armenien
303 n.Chr.	Beginn der großen Christenverfolgung in Ägypten. 311 n.Chr. wird dort Petros der letzte Märtyrer
325 n.Chr.	Synode von Nikaia
431 n.Chr.	Synode von Ephesos (Verurteilung des Nestorios)
451 n.Chr.	Synode von Chalkedon (Verurteilung des Monophysitismus)
484 n.Chr.	Nestorianismus in der persischen Kirche angenommen
5./6. Jh. n.Chr.	Wechsel monophysitischer und chalkedonischer „Patriarchen“ in Antiocheia
542–566	Jakob Baradai organisiert die westsyrische Kirche
7. Jh.	Der Islam dringt in Ägypten, im Vorderen Orient, in Armenien vor
7. Jh.	Christologische Abspaltung der Maroniten
8./ 9. Jh.	Glanzzeit der nestorianischen Kirche

Weiterführende Hinweise zum Textteil C

Zu II 1-3:
Zum römischen Privatrecht, zum römischen Prozeß und zur römischen Rechtsgeschichte gibt es bereits große und umfassende Gesamtdarstellungen in verschiedenen Sprachen. Aus der reichen deutschsprachigen Literatur seien hier die Standardbücher genannt. Für das Privatrecht: Max Kaser, Das Römische Privatrecht, Band I, 2. Auflage 1971, und Band II, 2. Auflage 1975. Für den Zivilprozeß der verschiedenen Epochen: M. Kaser, Das Römische Zivilprozeßrecht, 1966. Die Erforschung der äußeren Bedingungen des Rechts ist zusammengefaßt: Franz Wieacker, Römische Rechtsgeschichte, Band I, 1988, und Band II (demnächst). Speziell zur Geschichte der römischen Jurisprudenz: Carlo Augusto Cannata, Histoire de la jurisprudence européenne I, La jurisprudence romaine, 1989.

Zu II 4:
Die Wiederherstellung der Juristenwerke hat selbstverständlich ihre Grenze im Ausmaß der Überlieferung durch Justinian. Was damals nicht in die Digesten aufgenommen wurde, ist endgültig verloren. Den Versuch der Rekonstruktion der erhaltenen Teile zu originalen Juristenschriften verdanken wir Otto Lenel, Palingenesia iuris civilis, 2 Bände 1889, Nachdruck 1960. Die Schlußfassung des prätorischen Edikts (edictum perpetuum) kann vorwiegend aus jenen Teilen der juristischen Literatur rekonstruiert werden, die Kommentare zum Edikt (ad edictum) bieten. Der übliche Aufbau eines solchen Kommentars stellte nämlich den zu kommentierenden Text im Wortlaut an den Anfang des Kommentars. Die beste der zahlreichen Rekonstruktionen verdanken wir O. Lenel, Das Edictum perpetuum. Ein Versuch zu seiner Wiederherstellung, 3. Auflage 1927, 3. Nachdruck 1985.

Zu II 5:
Zur extremen Interpolationenkritik mit ihren Übertreibungen und zu ihrer Überwindung vgl. Max Kaser, Zur Methodologie der römischen Rechtsquellenforschung, 1972; dersel-

be, Ein Jahrhundert Interpolationenforschung an den römischen Rechtsquellen, in: Anzeiger der phil.-hist. Klasse der österreichischen Akademie der Wissenschaften 116, 1979, 112 ff.

Zu II 6:
Zur Annahme einer Vulgarisierung, d.h. Verflachung der Rechtskultur in spätrömischer Zeit, vgl. Ernst Levy, West Roman Vulgar Law, The law of property, 1951; derselbe, Weströmisches Vulgarrecht, Das Obligationenrecht, 1956; Franz Wieacker, Vulgarismus und Klassizismus im Recht der Spätantike, 1955. Zur angeblichen volksrechtlichen Verfremdung des römischen Rechts im Osten des Reiches, besonders in Ägypten, vgl. Raphael Taubenschlag in zahlreichen Aufsätzen, zusammengefaßt in seinen Opera Minora, 2 Bände, 1959. Es ist heute wieder offen, ob es je eine Vulgarisierung der Rechtskultur in den Jahrhunderten nach der Klassik gab. Im Osten des Reiches spricht eine genauere Analyse der Arbeit der kaiserlichen Kanzlei deutlich dagegen. Auch soweit die kaiserlichen Konstitutionen für den Osten oder aus dem Osten nichtrömische Einrichtungen aufgreifen, tun sie das mit großer Kunstfertigkeit.

Zu II 7:
Für die Auswertung der Funde aus Pompeji sei hier einfach auf Joseph Georg Wolf/John Anthony Crook, Rechtsurkunden in Vulgärlatein aus den Jahren 37–39 n.Chr., 1989, verwiesen. Zum Fund aus der Johanneskirche im kleinasiatischen Ephesos: Helmut Engelmann/Dieter Knibbe, Das Zollgesetz der Provinz Asia, 1989 (= Epigraphica Anatolica Heft 14). Zum römischen Recht aus den neugefundenen syrischen Handschriften: Sententiae Syriacae. Edition, Übersetzung und Kommentar von Walter Selb, 1990. Zur Lex Irnitana bieten Alvaro D'Ors/Xavier D'Ors, Lex Irnitana, Texto bilingüe, 1988, eine schöne Edition. Ausführlich dazu Wilhelm Simshäuser, Stadtrömisches Verfahrensrecht, in: SZ 109 (1992) 163 ff.

Zu II 8:
Erwin Seidl hat eine eigene „Rechtsgeschichte Ägyptens als

römische Provinz“, 1973, geschrieben. Zum materiellen Recht der römischen Zeit ist auch Raphael Taubenschlag, The law of Greco-Roman Egypt in the light of the papyri, 332 B.C.-640 A.D., 2. Auflage 1955, zu lesen. Für die Frage des Verhältnisses von römischem Recht und provinzialer Tradition ist ein Werk heranzuziehen, das wiederum der kanonistischen Tradition der syrischen Kirchen zu verdanken ist, das sogenannte Syrisch-römische Rechtsbuch. Vgl. dazu Walter Selb, Zur Bedeutung des Syrisch-römischen Rechtsbuches, 1964. Zur Frage der Christianisierung des römischen Rechts ist noch immer bedeutsam Biondo Biondi, Il diritto romano cristiano, Bände I und II 1952, Band III 1954. Das letzte Wort ist in allen diesen Bereichen noch nicht gesprochen. Noch dominieren die Hypothesen.

Zu II 9:
Zu den Rechten für die Römer in den Staaten der Völkerwanderung auf dem Boden Westroms vgl. einfach Wolfgang Kunkel, Römische Rechtsgeschichte, 12. Auflage 1990, 143 ff. und 195. Das Ende dieser Geschichte ist bereits der Anfang jener Forschung, die den Einfluß dieses römischen Rechts auf die eigenen Rechtssammlungen der „Barbarenreiche“ untersucht. Hier berühren sich die Fachbereiche „Römisches Recht“ und „Deutsches Recht“.

Zu II 10:
Die byzantinische Rechtsgeschichte ist bislang noch nicht als Geschichte der materiellen Rechtseinrichtungen geschrieben worden. Es gibt nur eine Geschichte der Rechtsliteratur, die sich mehr und mehr klärt. Hierzu sei auf Peter Pieler, Byzantinische Rechtsliteratur, in: Herbert Hunger, Die hochsprachliche profane Literatur der Byzantiner, Band II, 1978, 341 ff., hingewiesen. Nochmals P. Pieler, Entstehung und Wandel rechtlicher Traditionen in Byzanz, in: Entstehung und Wandel rechtlicher Traditionen, hrsg. von Wolfgang Fikentscher u.a., 1980, 669 ff. Besser erforscht ist allenfalls die Zeit von Diokletian bis Justinian, die als frühbyzantinische Epoche geführt wird. Zum Klassizismus der justinianischen Kompilation vgl. P. Pieler, Byzantinische Rechtsliteratur (a.a.O.), 400 ff. Ganz in den Anfängen liegt noch die Erfor-

schung der Geschichte des byzantinischen Kirchenrechts, das notwendigerweise in die Betrachtung der Epoche mit einbezogen werden muß.

Zu II 12:
Zu den Persönlichkeiten der römischen Jurisprudenz vgl. Wolfgang Kunkel, Herkunft und soziale Stellung der römischen Juristen, 2. Auflage 1967. Zum Stand der Erforschung der Arbeitsmethode und darin der Individualität der Juristen zusammenfassend Franz Wieacker, Römische Rechtsgeschichte, Band I, 1988, §§ 32–44. Zu dem schon früh in der römischen Geschichte hohen Stand der Jurisprudenz zuletzt Franz Horak, Wer waren die „veteres"?, in: Festschrift Gunter Wesener (hrsg. von Georg Klingenberg u.a.), 1992, 201 ff.

Zu III 1:
Zur griechischen Frühgeschichte sei vor allem auf die Forschungen von Fritz Schachermeyr hingewiesen: Die Levante im Zeitalter der Wanderungen vom 13. bis zum 11. Jahrhundert v.Chr., 1982; ferner: Griechische Frühgeschichte, 1984. Einen guten Überblick gibt Hermann Bengtson, Griechische Geschichte von den Anfängen bis in die römische Kaiserzeit, 1965. Spezieller Klaus Tausen, Zur politischen Geschichte Griechenlands, in: Ingomar Weiler (Hrsg.), Grundzüge der politischen Geschichte des Altertums, 1990, 31 ff., und Sabine Schmidt, Von den Perserkriegen bis zum Tod Alexanders, in: I. Weiler, a.a.O. 53 ff. Zum Problem Einheit oder Pluralismus vgl. die Übersicht von Mario Talamanca, in: Mario Bretone/Mario Talamanca, Il diritto in Grecia e a Roma, 1981, 5 ff.

Zu III 2:
Zur politischen Theorie: Moses I. Finley, Antike und moderne Demokratie, 1980; Christian Meier, Die Entstehung des Begriffs Demokratie, 1970; Wilfried Nippel, Politische Theorien der griechisch-römischen Antike, in: Hans-Joachim Lieber (Hrsg.), Politische Theorien von der Antike bis zur Gegenwart, 1991. Noch immer stark rechtsphilosophischen Themen zugewandt ist der Rechtshistoriker Johannes Triantaphyllopoulos, Rechtsphilosophie und positives Recht in Grie-

chenland, in: Symposion 1971. Vorträge zur griechischen und hellenistischen Rechtsgeschichte, hrsg. von Hans-Julius Wolff, 1975, 23 ff.

Zu III 3:

Zum Recht in den homerischen Epen vgl. David Cohen, Greek Law: Problems and methods, in: SZ 106 (1989) 81 ff. Aus der reichen Literatur zum Thema „Staatsordnung" vgl. Rudolf Köstler, Die homerische Rechts- und Staatsordnung, in: Zeitschrift für öffentliches Recht 23 (1944) 373 ff.; C. W. Westrup, Le roi de l'Odyssée, in: Mélanges Paul Fournier, 1929, 767 ff.; Jean Gaudemet, Institutions de l'antiquité, 1967, 141 f.

Zum Privatrecht bei Homer: R. Köstler, Homerisches Recht, 1950; Moses I. Finley, Marriage, sale and gift in the Homeric world, in: RIDA 3 ser. 2 (1955) 167 ff.; Evelyne Scheid, Il matrimonio omerico, in: DArch N.S. 1 (1979) 60 ff.; Beate Wagner-Hasel, Geschlecht und Gabe. Zum Brautgütersystem bei Homer, in: SZ 105 (1988) 32 ff. mit vielen weiteren Hinweisen. Gisela Wickert-Micknat, Unfreiheit im Zeitalter der homerischen Epen, 1983, 2 Teile in einem Band, Teil 1 in 2. Auflage.

Zum Prozeß: Robert J. Bonner/ Gertrude Smith, The administration of justice from Homer to Aristote, 2 Bände 1930; Adolf Primmer, Homerische Gerichtsszenen, in: Wiener Studien 83 (1970) 5 ff.; Gerhard Thür, Zum Dikazein bei Homer, in: SZ 87 (1970) 426 ff.; Eberhard Ruschenbusch, Der Ursprung des griechischen Rechtsstreits bei den Griechen, in: Symposion 1977. Vorträge zur griechischen und hellenistischen Rechtsgeschichte, hrsg. von Joseph Modrzejewski und Detlef Liebs, 1982, 1 ff.

Zu III 4:

Zur Frage eines gemeingriechischen Rechts in der Kolonisation und zu der Realität der Unterschiede vgl. schon oben zu III 1. Im einzelnen vgl. Egon Weiss, Griechisches Privatrecht, 1923; A. J. Graham, Colony and mother city in ancient Greece, 1964; Josef Partsch, Griechisches Bürgschaftsrecht, 1900; Fritz Pringsheim, The Greek Law of Sale, 1950; Hans-Julius Wolff, Die Grundlagen des griechischen Vertragsrechts, in:

SZ 74 (1957) 27 ff.; Raphael Taubenschlag, The ancient-greek city laws in Ptolemaic Egypt, in: Actes du Ve congrés de papyrologie, 1937, 471 ff.

Zu III 5:
Zu Athen und Attica im besonderen Mario Bretone/ Mario Talamanca, Il diritto in Grecia e a Roma, 1981.

Zum Prozeß sei für die ältere Literatur nur auf Julius Hermann Lipsius, Das attische Recht und Rechtsverfahren, Bände I– III, 1905–1915, für die jüngere Literatur auf A. R. W. Harrison, The law of Athens, Procedure, 1971, für Detailuntersuchungen auf Gerhard Thür, Beweisführung vor den Schwurgerichtshöfen Athens, 1977, und auf Manfred Just, Die Ephesis in der Geschichte des attischen Prozesses, Diss. Würzburg 1965, hingewiesen. Vgl. auch R. Lavency, Aspects de la logographie judiciaire attique, 1964.

Zum Privatrecht: Ludovic Beauchet, Histoire du droit privé de la république athénienne, Bände I–IV, 1897; Arnold Kränzlein, Eigentum und Besitz im griechischen Recht des fünften und vierten Jahrhunderts v. Chr., 1963; A.R.W. Harrison, The law of Athens, The family and property, 1968.

Zur Frage der griechischen Jurisprudenz: Hans-Julius Wolff, Rechtsexperten in der griechischen Antike, in: Opuscula dispersa, 1974, 81 ff.

Zu III 7:
Das Stadtrecht von Gortyn hat zuletzt mit großartigen Bildtafeln und englischer Übersetzung Ronald F. Willets, The law code of Gortyn, 1967, vorgestellt. Die ältere Ausgabe von Josef Kohler/ Erich Ziebarth, Das Stadtrecht von Gortyn und seine Beziehungen zum gemeingriechischen Recht, 1912, druckt auch die Volksbeschlüsse ab. Im übrigen ist der Titel und sein Hinweis auf „gemeingriechisches Recht“ instruktiv. Zur Zweiteilung des Verfahrens, die an das römische Recht erinnert, schon J.W. Headlam, in: JHS 13 (1892–1893) 48–69. Der Frage der „Erbtochter“ hat sich besonders R.F. Willets gewidmet, a.a.O. 23 ff. Die Ausführlichkeit der Erbfolgeregelung im Stadtrecht hat um die Jahrhundertwende zu Vergleichen mit anderen Rechtsordnungen angeregt und gelegentlich auch zu vorschnellen Schlüssen über Parallelen und

Entlehnungen geführt. So hat z.B. Ludwig Mitteis das Stadtrecht in seinem Buch „Reichsrecht und Volksrecht“, 1891, zum Anlaß eines Vergleichs mit dem 1880 vorgestellten Syrisch-Römischen Rechtsbuch genommen. Zu diesem Werk vgl. unten zu X 3. Vergleichend auch Max Mühl, Untersuchungen zur altorientalischen und althellenistischen Gesetzgebung, 1933.

Zu IV 1:
Zur reichen Alexander-Forschung vgl. Fritz Schachermeyr, Alexander der Große. Das Problem seiner Persönlichkeit und seines Wirkens, 1973. Zur Hellenismus-Forschung vgl. Johann G. Droysen, Geschichte des Hellenismus, Band III/2, 2. Auflage 1878, 193 ff.

Zu IV 2:
Zur Frage eines hellenistischen Rechts: Jean Gaudemet, Institutions de l'antiquité, 1967, 219 f.; Ludwig Mitteis, Reichsrecht und Volksrecht, 1891, 18; Raphael Taubenschlag: Aufsätze, zusammengestellt in: Opera Minora I und II, 1959; derselbe, The law of Greco-Roman Egypt in the light of the papyri, 332 B.C.-640 A.D., 2. Auflage 1955.

Besonders zum „hellenistischen Staat“: Victor Ehrenberg, Der Staat der Griechen, Band II: Der hellenistische Staat, 1958; Hermann Bengston, Die Strategie in der hellenistischen Zeit, 3 Bände, 1937–1952; Jean Gaudemet, a.a.O. 235.

Aus der reichen Literatur zur Verwaltung Ägyptens: H. Bengston, Die ptolemäische Staatsverwaltung im Rahmen der hellenistischen Administration, in: MH 10 (1953) 161 ff.; Marie-Therese Lenger, Corpus des ordonnances des Ptolémées, 1964; C. Bradford Welles, The Ptolemaic administration in Egypt, in: JJP 3 (1949) 21 ff.; Claire Préaux, L'economie royale des Lagides, 1939; Walter Otto, Priester und Tempel im hellenistischen Ägypten, 2 Bände, 1905-1908.

Speziell zur Justiz: Hans-Julius Wolff, Das Justizwesen der Ptolemäer, 1962.

Zu IV 3 und 4:
Speziell zur Papyrologie: Wilhelm Schubart, Einführung in die Papyruskunde, 1918; Ulrich Wilcken, Grundzüge und

Chrestomathie der Papyruskunde I, 1912; Raphael Taubenschlag, Introduction to the law of the papyri, in: RIDA I (1952) 276 ff. = Opera Minora I, 1959, 313 ff. Adolf Grohmann, Einführung und Chrestomathie zur arabischen Papyruskunde, 1954.

Zu IV 5:
Speziell zu Quellen im Vorderen Orient: Raphael Taubenschlag, Papyri and parchments from the eastern provinces of the Roman empire outside Egypt, in: JJP 3 (1949) 49 ff. = Opera Minora II, 1959, 29 ff. gibt eine Einführung. Das Material aber hat sich seither erheblich vermehrt. Literatur zu Dura-Europos bei R. Taubenschlag, in: Opera Minora II, 38. Zu hellenistischen Quellen aus jüdischem Bereich: Elisabeth Koffmahn, Die Doppelurkunden aus der Wüste Juda, 1968.

Zu V 2:
Eine noch immer unübertroffene allgemeine Einführung in die Geschichte Ägyptens gibt Eberhard Otto, Ägypten. Der Weg des Pharaonenreiches, 3. Auflage 1958.

Zu V 3:
Unübertroffen ist die Darstellung von Werner Ekschmitt, Das Gedächtnis der Völker. Hieroglyphen, Schrift und Schriftfunde auf Tontafeln, Papyri und Pergamenten, 1964.

Zu V 4:
Jaques Pirenne, Histoire des institutions et du droit privé de l'ancienne égypte I–III, 1932–1935; Erwin Seidl, Einführung in die ägyptische Rechtsgeschichte bis zum Ende des Neuen Reiches. I: Juristischer Teil, 1939; I. M. Lurje, Studien zum altägyptischen Recht des 16. bis 10. Jahrhunderts v. u. Z., 1971 (aus dem Russischen von Schafik Allam übersetzt). Völlig überholt, allenfalls für die Versuche einer Rechtsvergleichung interessant ist Eugène Revillout, Précis du droit égyptien comparé aux autres droits de l'antiquité I-II, 1899-1903.

Zu V 5:
Erich Lüddeckens, Ägyptische Eheverträge, 1960; Karl-

Theodor Zauzich, Die ägyptische Schreibertradition in Aufbau, Sprache und Schrift der demotischen Kaufverträge aus ptolemäischer Zeit, 2 Bände, 1968; Edda Bresciani, L'archivio demotico del tempio di Soknopaiu Nesos, 1975; Stefan Grunert (Hrsg.), Der Kodex Hermopolis ... aus dem ptolemäischen Ägypten, 1982; Ernst Boswinkel/P. W. Pestman, Textes grecs, démotiques et bilingues, 1978. Zum Fortbestand der Einrichtung des Tempeleides: Ursula Kaplony-Heckel, Die demotischen Tempeleide, 1963, und Erwin Seidl, Die Verwendung des Eides nach den demotischen Quellen, in: SZ 91 (1974) 41 ff.

Zum hethitisch-ägyptischen Vertrag: Ediert und übersetzt von Elmar Edel, in: TUAT I 135 ff. bzw. TUAT I 143 ff.

Zu Deir el Medineh: Schafik Allam, Das Verfahrensrecht in der altägyptischen Arbeitersiedlung von Deir el-Medineh. Untersuchungen zum Rechtsleben im alten Ägypten, Band I, Selbstverlag 1973.

Zum Pap Wilbour: Vgl. jetzt Bernadette Menu, Le régime juridique des terres et du personel attaché á la terre dans le papyrus Wilbour, 1970. Zur Kaufgarantie: Schafik Allam, Hieratische Ostraka und Papyri aus der Ramessidenzeit. Urkunden zum Rechtsleben im alten Ägypten, Band I, Selbstverlag 1973.

Zu den Al-Amarna-Briefen: J. A. Knudtzon, Die El-Amarna-Tafeln, 1915, Nachdruck 1964. Weitere Literatur bei Ekschmitt, a.a.O. 424.

Zur Saiten- und Perserzeit: E. Seidl, Ägyptische Rechtsgeschichte der Saiten- und Perserzeit, 1956.

Zu den aramäischen Papyri aus Elephantine: Emil G. Kraeling, The Brooklyn Museum Aramaic Papyri, 1953; Arthur Cowley, Aramaic Papyri of the Fifth Century B.C., 1923; Reuven Yaron, Introduction to the law of the aramaic papyri, 1961.

Zum Einfluß der Keilschriftrechte auf die aramäischen Rechtsurkunden: Yochanan Muffs, Studies in the Aramaic Legal Papyri from Elephantine, 1969, 173 ff.; Einzeldokumente in deutscher Übersetzung von Wilhelmus C. Delsman auch in: TUAT I 253 ff.

Zu den Instruktionen eines persischen Oberbeamten: G. R. Driver, Aramaic documents ot the fifth century B.C., 1957.

Zu Pap Ryl: Hans Bauer / Bruno Meissner, in: Sitzungberichte der Preußischen Akademie der Wissenschaften 1936, 414 ff.

Zu den Kopten: Arthur Schiller, Koptisches Recht, in: Krit. Vjschr. 3. Folge 25 (1932) 250 ff. und 27 (1935) 18 ff. Arthur Steinwenter hat sich stärker mit der Rechtsstellung von Kirchen, Klerikern und koptischen Klöstern befaßt. Daraus ein Beispiel: Die Rechtsstellung der Kirchen und Klöster nach den Papyri, in: SZ kanon. Abt. 19 (1930) 1 ff.; derselbe, Das Recht der koptischen Urkunden, 1955. Walter C. Till widmete sich bevorzugt dem Erbrecht: Erbrechtliche Untersuchungen auf Grund der koptischen Urkunden, 1954. Aus neuester Zeit: Schafik Allam, Glossen zu einem schiedsrichterlichen Verfahren, in: Mitteilungen des deutschen archäologischen Institus in Kairo 47 (1991) 1 ff. Zum Recht der koptischen Kirche selbst vgl. unten IX.!

Zu VI 1:

Angesichts der schnell zunehmenden Fülle an Quellen kommt die rechtshistorische Forschung kaum noch mit der Auswertung nach. An Gesamtdarstellungen zu den einzelnen Forschungsbereichen ist noch gar nicht zu denken. So wird der Leser versuchen müssen, sich unmittelbar aus den Quellen einen Eindruck zu verschaffen. Eine Auswahl solcher Quellen aus dem Material, wie es sich nach dem möglichst neuen Stand darstellt, bietet in deutscher Sprache das von Otto Kaiser in Gemeinschaft mit Spezialisten verschiedenster Disziplinen hinausgegebene Werk „Texte aus der Umwelt des Alten Testaments“ (TUAT), das in Band I „Rechts- und Wirtschaftsurkunden“ und „Historisch-chronologische Texte“ (1982–1985) bietet. Autoren: Otto Kaiser, Rykle Borger, Heiner Lutzmann, Wilhelm H. Ph. Römer, Einar von Schuler, Manfred Dietrich, Elmar Edel, Oswald Loretz, Otto Rössler, Diethelm Conrad, Wilhelmus C. Delsman, Ursula Kaplony-Heckel, Walter W. Müller, Walther Hinz, Hans Martin Kümmel, Ernst Kausen, Hans Peter Müller, Heinrich Otten. Eine speziellere und engere Auswahl bietet Richard Haase, Die keilschriftlichen Rechtssammlungen in deutscher Fassung, 2. Auflage 1979. Immerhin gibt es als Auswertung von Josef Klíma, Guillaume Cardascia, Herbert Petschow und Viktor Korosec schon eine breite Abhandlung „Gesetze" im Reallexikon der Assyriologie (hrsg. von Ernst Weidner / Wolfram von Soden), Band III, 1957–1971.

Zur allgemeinen Einführung des Rechtshistorikers: Wolfram von Soden, Einführung in die Altorientalistik, 1985. Aus älteren Darstellungen noch Sabatino Moscati, Geschichte und Kultur der semitischen Völker, 2. Auflage 1955; Hartmut Schmökel, Das Land Sumer, 2. Auflage 1956. Samuel N. Kramer, Die Geschichte beginnt in Sumer, 1960; derselbe, The Sumerians, 1963. Zur Einführung in die Rechtsgeschichte des Alten Orients kann noch auf V. Korosec, Keilschriftrecht, in: Berthold Spuler (Hrsg.), Handbuch der Orientalistik, I. Abt. Ergänzungsband III, 1964, 49 ff., und R. Haase, Einführung in das Studium keilschriftlicher Rechtsquellen, 1965, zurückgegriffen werden. Doch gibt es seither viele neue Quellen und neue Einsichten.

Zu VI 2:

Einer der großen Erforscher der Rechtsgeschichte Sumers war Josef Klíma. Eine respektable Liste von Publikationen Klímas findet sich bei Reuven Yaron, The laws of Eshnunna, 2. Auflage 1988. Zu den sumerischen Gesetzbüchern orientiert man sich am besten an den Hinweisen zur deutschen Übersetzung von Wilhelm H. Ph. Römer zu den Gesetzen des Königs Urnammu von Ur, in: TUAT I 17 ff., ferner bei Richard Haase, Die keilschriftlichen Rechtssammlungen in deutscher Fassung, 2. Auflage 1979, 6 ff. Zu den Gesetzen des Königs Lipit-Ischtar von Isin: Heiner Lutzmann, in: TUAT I 23 ff., und R. Haase, a.a.O. 12 ff. Kaum eine der neueren Untersuchungen zum jüngeren Codex Hammurabi verzichtet auf vergleichende Erwägungen zu den sumerischen Gesetzbüchern. Allgemeiner vergleichend zum Gesetzesstil: Herbert Petschow, Zu den Stilformen antiker Gesetze und Rechtssammlungen, in: SZ 82 (1965) 24 ff.; zum Gesetzesaufbau: Herbert Sauren, Aufbau und Anordnung der babylonischen Kodizes, in: SZ 106 (1989) 1 ff.; zu Prolog und Epilog: Gerhard Ries, Prolog und Epilog in Gesetzen des Altertums, 1983. Zu den Urkunden: Adam Falkenstein, Neusumerische Gerichtsurkunden, 1956; H. Sauren, Ein Sklavenkaufvertrag, in: SZ 99 (1982) 1 ff.

Zu VI 3:
Text, englische Übersetzung und weiterführende Hinweise zum „Gesetzbuch" von Eschnunna bei Reuven Yaron, The laws of Eshnunna, 2. Auflage 1988. Deutsche Übersetzungen, ebenfalls mit Literaturhinweisen, von Rykle Borger, in: ṬUAT I 32 ff., und Richard Haase, Die keilschriftlichen Rechtssammlungen in deutscher Fassung, 2. Auflage 1979, 20 ff. Die Vergleiche zwischen dem Alten Testament und den altorientalischen Gesetzen nach Form und Inhalt sind schon zahlreich. Im besonderen Eckart Otto, Rechtsgeschichte der Redaktionen im Kodex Esnunna und im „Bundesbuch", 1989.

Zum Codex Hammurabi ist die Literatur bereits überreich; auch hier freilich vielfach überholt. Deutsche Übersetzungen mit weiterführenden Hinweisen bei R. Borger, in: TUAT I 39 ff., und bei R. Haase, a.a.O. 29 ff. Autoren, die sich dem Thema gewidmet haben, finden sich auch bei R. Yaron, a.a.O. 305 ff. (Literaturverzeichnis). Aus neuerer Zeit Eckart Otto, Die rechtshistorische Entwicklung des Depositenrechts in altorientalischen und altisraelitischen Rechtskorpora, in: SZ 105 (1988) 1 ff.; Herbert Sauren, Aufbau und Anordnung der babylonischen Kodizes, in: SZ 106 (1989) 1 ff.; Raymond Westbrook, The Nature and Origins of the Twelve Tables, in: SZ 105 (1988) 74 ff.; R. Yaron, in: SZ 107 (1990) 417 ff.; derselbe, Zu babylonischen Eherechten, in: SZ 109 (1992) 51 ff.

Zu altbabylonischen Urkunden aus Sippar: H. Sauren, Feldbesitz, Pachtabgaben, Veruntreuung: Ein Fall aus dem altbabylonischen Sippar, in: SZ 103 (1986) 102 ff.; aus Nippur: derselbe, Altbabylonische Beweisurteile, in: SZ 106 (1989) 56 ff.

Zu neubabylonischen Urkunden: Mariano San Nicolò/Herbert Petschow, Babylonische Rechtsurkunden aus dem 6. Jahrhundert v.Chr., 1960.

Zu Elam: Vgl. die Hinweise bei Wolfram von Soden, Einführung in die Altorientalistik, 1985, 24 Fn. 19.

Zu den Ausgrabungen in Ebla: Vgl. W. von Soden, a.a.O. 17 Fn. 5, 34 Fn. 6; Edmond Sollberger, The so-called treaty between Ebla and Ashur, in: Studi Eblaiti III/9 (1980) 129–155.

Zu den Urkunden aus Hana: Vgl. Edouard Cuq, Etudes

sur le droit babylonien. Les lois assyriennes et les lois hittites, 1929, 14, 76, 133, 149.

Zu den altassyrischen Texten aus Kültepe: Vgl. Georg Eisser/Julius Lewy, Die altassyrischen Urkunden von Kültepe, 1930–1935; Paul Garelli, Les Assyriens en Cappadoce, 1963; derselbe, Tablettes cappadociennes de collections diverses, in: RA 58 (1964) 111 ff.; Benno Landsberger, Assyrische Handelskolonien in Kleinasien aus dem dritten Jahrtausend, in: Der alte Orient 24/4 (1925). Vgl. auch Burkhart Kienast, Das altassyrische Kaufvertragsrecht, 1984.

Zur mittelassyrischen Zeit: G. R. Driver/J. Miles, The assyrian laws, 1955; Guillaume Cardascia, Les lois assyriennes, 1969. Deutsche Übersetzung von R. Borger, in: TUAT I 80 ff. (mit weiteren Hinweisen) und bei R. Haase, a.a.O. 92 ff.

Zu den Staatsverträgen oder besser Vasallenverträgen mit medischen Fürsten gibt es Vergleichsuntersuchungen zu Deuteronomium, zum alttestamtentlichen „Bund" Gottes mit den Juden: D. J. Mc Carthy, Treaty and covenant, in: Analecta Biblica 21A, 1978, 287 ff.

Zu den Hethitern allgemein: Heinrich Otten, in: Hartmut Schmökel, Kulturgeschichte des Alten Orients, 1961. Zu der hethitischen Rechtssammlung gibt es deutsche Übersetzungen mit weiteren Hinweisen von Einar von Schuler, in: TUAT I 96 ff., und R. Haase, a.a.O. 67 ff. Weiter: Viktor Korosec, Hethitische Staatsverträge, 1931; Manfred Baier, Hethitisches Recht im Wandel, SZ 104 (1987) 1 ff.; H. Otten, Die Bronzetafel aus Bogazköy. Ein Staatsvertrag Tuthalijas IV, 1988. Zum erwähnten ägyptisch-hethitischen Staatsvertrag vgl. die beiden Fassungen in deutscher Übersetzung von Elmar Edel, in: TUAT I 135 ff. Es gibt zum hethitischen Recht bereits erste Auswertungen, z.B.: Jost Grothus, Die Rechtsordnung der Hethiter, 1973; R. Haase, Notizen zum hethitischen Familienrecht (§§ 35 und 175 der Gesetze), in: SZ 101 (1984) 294 ff.; V. Korosec, Raub und Kaufehe im hethitischen Recht, in: Studi Riccobono I, 1936, 551 ff.; R. Yaron, in: RIDA 10 (1963) 137-146.

Zu VI 5:

Wichtig sind die Publikationen zu Ugarit in der Zeitschrift Ugaritica. Zu Ugarit auch Manfred Baier, in: SZ 104 (1987)

1 ff. Einen Staats- (Vasallen-) Vertrag zwischen Ugarit und dem Hethiterreich, deutsch übersetzt, bietet Einar von Schuler, in: TUAT I 131 ff. Dokumente aus Ugarit in deutscher Übersetzung von Manfred Dietrich und Oswald Loretz, in: TUAT I 210 ff.; Albrecht Alt, Bemerkungen zu Verwaltungs- und Rechtsurkunden von Ugarit und Alalah; in: Welt des Orients 2 (1954–59) 7 ff., 234 ff., 338 ff.

Zu den Phönikern/Puniern vgl. die umfassende Darstellung von Werner Huss, Geschichte der Karthager, 1985. Punische Dokumente aus Karthago finden sich in deutscher Übersetzung von Otto Kaiser, in: TUAT I 264 ff.

Zu VI 9:
Herbert Petschow bespricht eine Prozeßurkunde aus dem hurritischen Nuzi in: SZ 90 (1973) 24 ff. (Text aus dem Semitic Museum der Harvard University).

Alalah-Texte sind in deutscher Übersetzung von Manfred Dietrich und Oswald Loretz, in: TUAT I 210 ff., zu finden.

Zu VI 11:
Die aramäischen Inschriften sind von Herbert Donner und Wolfgang Röllig gesammelt und deutsch übersetzt: Kanaanäische und aramäische Inschriften, 2. Auflage 1966–1969.

Zu VII:
Neuere Literatur: Hermann von Wissmann, Über die frühe Geschichte Arabiens und das Entstehen des Sabäerreiches. Die Geschichte von Saba I, 1975; derselbe, Das Großreich der Sabäer bis zu seinem Ende im frühen 4. Jahrhundert v.Chr. Die Geschichte von Saba II, 1982; derselbe, Das Weihrauchland Sakalan, Samarum und Moscha, 1977; derselbe, Die Geschichte des Sabäerreichs und der Feldzug des Aelius Gallus, in: Aufstieg und Niedergang der Römischen Welt, hrsg. von Hildegard Temporini und Wolfgang Haase, Band II.9.1, 1976, 308 ff.

Zu VIII 1:
Die Geschichte ist zumeist nach Jacques Pirenne, La societé hébraique d'aprés la Bible, 1965, dargestellt.

Zu VIII 2:
Jacques Pirenne versuchte, aus den Quellen des Alten Testaments eine rechtshistorische Darstellung zu entwerfen, a.a.O. 155 ff. Sie ist rechtsethnologisch orientiert. Ganz anders die Untersuchungen der Rechtshistoriker. Eher problematisch sind dabei die methodisch anfechtbaren und vom Quellenbestand aus verfrühten Untersuchungen von David Heinrich Müller, z.B. Die Gesetze Hammurabis und ihr Verhältnis zur mosaischen Gesetzgebung sowie zu den XII Tafeln, 1903, oder von Anton Jirku, Altorientalischer Kommentar zum Alten Testament, 1923. Zwischen den Annahmen wechselseitiger Abhängigkeit und der Einzigartigkeit des jüdischen Rechts liegen die schon verläßlicheren Untersuchungen, die Eckart Otto, Die rechtshistorische Entwicklung des Depositenrechts in altorientalischen und altisraelischen Rechtskorpora, in: SZ 105 (1988) 1 ff., nachweist (besonders S. 1–4 und Fn. 1–8). Besonders hervorzuheben ist Reuven Yaron mit zahlreichen Abhandlungen aus den verschiedensten Themenbereichen (vgl R. Yaron, The Laws of Eshnunna, 2. Auflage 1988, 329 ff.).

Zu VIII 3:
Weitere Informationen finden sich bei Hermann L. Strack / Günter Stemberger, Einleitung in Talmud und Midrasch, 7. Auflage 1982; dieselben, Der Talmud. Einführung, Texte, Erläuterungen, 2. Auflage 1987. Die quellentheoretische Darstellung von Ze^{c}ev W. Falk, Introduction to Jewish Law of the second commonwealth I, 1972, und II, 1978, entspricht nicht jenem Denken, das wir gewohnt sind. Anders Bernard S. Jackson, Essays in Jewish and Comparative Legal History, 1975. Neuere Literatur zu den späten Rechtswerken Reuven Yaron, Gifts in contemplation of death, 1960. Ältere Literatur bei Josef Kohler / Leopold Wenger, Allgemeine Rechtsgeschichte I, 1914, 151 f.

Zu VIII 4:
Johannes Maier, Die Texte vom Toten Meer, 2 Bände, 1960; Elisabeth Koffmahn, Die Doppelurkunden aus der Wüste Juda, 1968, mit reichen Literaturangaben.

Duncan Derret, Law in the New Testament, 1970. Das

Standardwerk zum Prozeß Jesu: Josef Blinzler, Der Prozeß Jesu, 4. Auflage 1969. Dazu Ernst Bammel, in: Studies in Jewish legal history in honour of D. Daube, 1974, 35 ff. , und Heribert Schumann, Bemerkungen zum Prozeß Jesu vor dem Synhedrium, in: SZ 82 (1965) 315 ff.

Zu IX 1:
Zur frühchristlichen Rechtsliteratur vgl. Hubert Kaufhold, in: Kleines Wörterbuch des christlichen Orients, hrsg. von Julius Aßfalg, 1975, unter den Stichwörtern „Apostolische Kanones", „Apostolische Kirchenordnung", „Apostolische Konstitutionen", „Octateuchus Clementinus", „Didache", „Ägyptische Kirchenordnung", „Didaskalie", „Apostolische Kanones".

Zu IX 2:
Zur Abspaltung und Rechtsgeschichte der nestorianischen Kirche seit dem Sassanidenreich vgl. Walter Selb, Orientalisches Kirchenrecht I, 1981. Zu den Anfängen der westsyrischen Kirche vgl. W. Selb, Orientalisches Kirchenrecht II, 1989, jeweils mit weiterführenden Hinweisen. Zu den übrigen orientalischen Kirchen vgl. W. Selb, in: Kleines Wörterbuch des christlichen Orients, hrsg. von Julius Aßfalg, 1975, unter den Stichwörtern „Kirchenrecht, orientalisches", „Rechtsbücher" und „Syrisch-Römisches Rechtsbuch".

Zu IX 3:
Die Quellen weltlichen Rechts: Walter Selb, Sententiae Syriacae, 1990. Im übrigen vgl. W. Selb, Stichwort „Rechtsbücher", in: Kleines Wörterbuch des christlichen Orients, hrsg. von Julius Aßfalg, 1975.

Die Quellen kirchlichen Rechts der orientalischen Kirchen: Vgl. Walter Selb, oben IX 2.

Die nestorianischen Quellen berühren persisches Recht. Vgl. dazu Eduard Sachau, Syrische Rechtsbücher II, 1908. Dazu auch Christian Bartholomä, Über ein sassanidisches Rechtsbuch, 1910. Die armenischen Quellen führen zu altarmenischen Rechtswerken; dazu Josef Kohler / Leopold Wenger, Allgemeine Rechtsgeschichte I, 1914, 153; Josef Karst

(Hrsg.), Sempadscher Kodex aus dem 13. Jahrhundert, 2 Bände, 1905; Wahan Bastamean (Hrsg.), Mechitar Gosch, Rechtsbuch der Armenier, 1880; Ferdinand Bischoff, Das alte Recht der Armenier in Lemberg, 1862. Informativ jetzt in der Bibliographie zur Rezeption des byzantinischen Rechts im alten Rußland sowie zur Geschichte des armenischen und georgischen Rechts, zusammengestellt von Ludwig Burgmann und Hubert Kaufhold, 1992, 91 ff. (Armenien) und 191 ff. (Georgien) mit Hinweisen auf neuere Editionen und Literatur in armenischer bzw. georgischer oder russischer Sprache.

Bildnachweis

Abb. 1: Seite aus den sogenannten fragmenta Vaticana, eines bruchstückhaft überlieferten Werkes römischen Rechts, entstanden um 320 n.Chr., erhalten in einer Handschrift der Bibliotheca Vaticana Nr. 5766 (Palimpsest). Aus: Dr. Michael Memmer Dia.

Abb. 2: Wachstäfelchen (15 x 11,5 cm) aus Pompeji, aus dem Familienarchiv der Sulpicii, zu datieren auf 15. September 39 n.Chr., Inhalt: Ein Schuldanerkenntnis. Aus: Rediscovering Pompeji, L'Erma di Bretschneider, Roma 1992.

Abb. 3: Seite aus dem Codex Florentinus (Florentina), der die Digesten Kaiser Justinians aus 533 n.Chr. enthält, Band I der Facsimile-Ausgabe, fol. 77 r. Aus: Justiniani Augusti Pandectarum Codex Florentinus, curaverunt A. Corbino – B. Santalucia, Firenze 1988.

Abb. 4: Steinmauer in Gortyn (Kreta) mit der großen Rechtsinschrift aus dem 5. Jh. v.Chr. Edition R.F. Willets, The Law Code of Gortyn, 1967. Aus: Dr. Michael Memmer Dia.

Abb. 5: Papyrus grecs du Louvre Nr. 13, Eingabe zur Rückerstattung des Unterhaltskapitals für eine „schriftlose Ehe“, etwa 157 v.Chr. aus Memphis (?), griechisch, revidierte Edition Mitteis / Wilcken, Grundzüge und Chrestomathie der Papyruskunde, 1912 Nr. 280. Aus: Notices et extraits des manuscrites de la bibliothèque impériale et autres bibliothèques, tom. 18 / 2: Papyrus grecs du Louvre et de la bibliothèque impériale, Planches, Paris 1865.

Abb. 6: Relief an den Außenmauern des Tempels in Karnak (bei Luxor) mit einer Darstellung der Schlacht bei Kadesch. Zum späteren Staatsvertrag zwischen Ramses II und Hattusili III vgl. Bild Nr. 10. Aus: Ägypten, Faszination des Pharaonenreichs, Süddeutscher Verlag 1990.

Abb. 7: Papyrus dem. Straßburg Nr. 9, zu datieren auf den 2. September 104 v.Chr., aus Gebelen, demotisch, ediert von W. Spiegelberg, Die demotischen Papyrus der

Strassburger Bibliothek, 1902. Aus: Wilhelm Spiegelberg, Die demotischen Papyrus der Strassburger Bibliothek, Straßburg 1907.

Abb. 8: Koptische Urkunde aus dem Metropolitan Museum of Art New York, Fundort: Theben, Inhalt: Freistellung von Ansprüchen, um 700 n.Chr., ediert von A. Schiller, Ten Coptic Legal Texts, 1931, Nr. 1. Aus: A. Arthur Schiller, The Metropolitan Museum of Art, Ten Coptic Legal Texts, New York 1931, reprinted by Arno Press 1973.

Abb. 9: Codex Hammurabi, Basaltstele, Reliefbild mit einem Teil des Textes, heute Paris, Louvre. Der König (1792-1750 v.Chr.) empfängt (?) das Recht von der Gottheit. Aus: Barthel Hrouda, Der alte Orient, Geschichte und Kultur des alten Vorderasien, München 1991, Bertelsmann Verlag GmbH, S. 83.

Abb. 10: Kopie des Staatsvertrages zwischen Ramses II (Ägypten) und Hattusili III (Hethiterreich), 1270 v.Chr. geschlossen, Tontafel, akkadisch, aus Hattuscha (Bogazköy/ Türkei), heute Archäologisches Museum in Istanbul. Vergleiche Bild Nr. 6! Aus: Alpay Pasinli, Archäologisches Museum Istanbul, Istanbul 1989, A Turizm Vayinlari Ltd. Õti, S. 95.

Abb. 11: Ostraka (Tonscherben) aus der Festung Masada, etwa 73 oder 74 n.Chr., Lose mit Namen, die mit dem Massenselbstmord beim Fall der Festung in Verbindung stehen sollen. Vgl. auch den Titusbogen (vordere Umschlagseite), der in Rom anläßlich des Sieges über die Juden errichtet wurde. Aus: R. Posner/ A. van der Heyden, Masada, Hänssler-Verlag Neuhausen-Stuttgart 1991, S. 72.

Abb. 12: „Aus einer Handschrift aus Mardin (15. Jh. n.Chr.) in der Osttürkei (Mardin Orth. Nr. 157 foll. 101b – 102b) „Kanones für klösterliche Gemeinschaften" (Mönchsregeln aus dem 7. / 8. Jh. n.Chr.), nicht ediert".

Abb. Vordere Umschlagseite: Titusbogen Rom. Aus: H. Stierlin, Die Welt der Römer, Gondrom Verlag Bayreuth 1981.

Abb. Hintere Umschlagseite: Qalb Lhose / NW-Syrien. Aus: Originalbild Institut für Römisches Recht Inv.Nr.111.

Abb. S. 30: Titelblatt von Hugo Grotius, De jure belli ac pacis libri tres. Ausgabe Amsterdam 1730.
Abb. S. 31: Hugo Grotius, De jure belli ac pacis libri tres. Amsterdam 1730, Lib. II Cap. XXI §§ 13 und 14 (= Seite 592). Vgl. hierzu S. 29.
Karte zu C II: Das Imperium der Kaiserzeit. Aus: K. Christ, Die Römer, C.H. Beck München 1984, S. 68.
Karte zu C III: Aus: J. Boardman / J. Dörig / W. Fuchs / M. Hirmer, Die Griechische Kunst, Hirmer Verlag München 1966 / 3. Auflage 1976, S. 240.
Karte zu C IV: Großer Historischer Weltatlas. Erster Teil, Vorgeschichte und Altertum, Bayerischer Schulbuch-Verlag München 1978^6, S. 52.
Karte zu C V: Freydank / Reineke / Schetelich / Thilo, Der Alte Orient in Stichworten, Edition Tusch Wien 1979, S. 495.
Karte zu C VI: Übersichtskarte des alten Vorderasien. Aus: H. Schmökel, Geschichte des Alten Vorderasien (Handbuch der Orientalistik, hrsg. von B. Spuler, 2. Bd. 3. Abschnitt), E.J. Brill Leiden 1957.
Karte zu C VIII: Geschichte des Heiligen Landes. Herausgegeben von Michael Avi-Yonah. Propyläen. Verlag Ullstein GmbH Frankfurt / M. 1971.
Karte zu C IX: Syrisch-jakobitische Bistümer im 7. und 8. Jahrhundert. Aus: J. Aßfalg, Kleines Wörterbuch des Christlichen Orients, Harrassowitz Wiesbaden 1975.